VENKOVNÍ KUCHAŘKA MASOŽRAVEC

Divoká zvěřina recepty na gril, kuřák, kamna a táborák

Anežka Patočková

Materiál chráněný autorským právem ©2024

Všechna práva vyhrazena

Žádná část této knihy nesmí být použita nebo přenášena v jakékoli formě nebo jakýmikoli prostředky bez řádného písemného souhlasu vydavatele a vlastníka autorských práv, s výjimkou krátkých citací použitých v recenzi. Tato kniha by neměla být považována za náhradu lékařských, právních nebo jiných odborných rad.

OBSAH _

OBSAH _	3
ÚVOD	7
ČERVENÉ MASO	8
1. Snídaně klobása	9
2. Snídaňový sendvič pro masožravce	11
3. Snídaňový kastrol se slaninou a klobásou	13
4. Biftek z Pánev žebrové oko	15
5. Skotská vejce	18
6. Sýrové masové kuličky	20
7. Biftekové nugety	22
8. Grilované jehněčí kotletky	24
9. Pečená jehněčí kýta	26
10. Vepřový Ramen vývar	28
11. Smažená vepřová panenka	30
12. Pečená vejce jedlíka masa	32
13. Dušený vepřový bůček	34
14. Smažená rajčata a hovězí maso	36
15. Hovězí maso a brokolice	39
16. Černý pepř hovězí restování	41
17. Mongolské hovězí maso	44
18. Sečuánské hovězí s celerem a mrkví	46
19. Hoisin Hoisin Hoisin Salát poháry	49
20. Smažené vepřové kotlety s cibulkou	51
21. Pět koření Vepřové maso s Bok Choy	54
22. Hoisin vepřová restovaná	56
23. Dvakrát vařený vepřový bůček	58
24. Mu Shu vepřové maso s palačinkami na pánvi	61
25. Vepřová žebírka s omáčkou z černých fazolí	64
26. Smažené mongolské jehněčí	66
27. Jehněčí se zázvorem a pórkem	68
28. Hovězí thajská bazalka	71

29. Čínské BBQ vepřové maso 73
30. Dušené BBQ vepřové buchty 76
31. Kantonský pečený vepřový bůček 79

BÍLÉ MASO 82

32. Krémová česneková kuřecí polévka 83
33. Kuřecí křídla 85
34. Jednoduchá kuřecí prsa smažená na pánvi 87
35. Křupavá kuřecí stehna 89
36. Kuřecí nugetky pro masožravce 91
37. Kouřová slanina masové kuličky 93
38. Kuřecí slanina soté 95
39. Pepperoni masové kuličky 97
40. Kuřecí stehna v parmazánové krustě 99
41. Kuře na česnekovém másle 101
42. Kuřecí kousnutí zabalené ve slanině na česneku 103
43. Kuřecí špízy (kebab) 105
44. Vafle pro masožravce 107
45. Hranolky pro masožravce 109
46. Grilované kuřecí paličky s česnekovou marinádou 111
47. Kuře Kung Pao 113
48. Brokolicové kuře 115
49. Kuře s mandarinkovou kůrou 117
50. Kešu kuře 120
51. Kuřecí maso a zelenina s omáčkou z černých fazolí 123
52. Kuře na zelených fazolích 126
53. Kuře v sezamové omáčce 128
54. Sladké a kyselé kuře 131
55. Moo Goo Gai Pan 134
56. Vejce Foo Yong 137
57. Smažená rajčata vejce 139
58. Krevety a míchaná vejce 141
59. Slaný vaječný pudink na páře 143
60. Čínská vytahovací smažená kuřecí křidélka 145
61. Thajské bazalkové kuře 147

RYBY A MOŘSKÉ PLODY 149

62. Lososa a smetanový sýr 150
63. Pečené rybí filé 152
64. Lososové dorty 154
65. Grilovaný split humr 156
66. Vývar z rybích kostí 158
67. Krevety s česnekovým máslem 160
68. Grilované krevety 162
69. Smažená treska s česnekovým ghí 164
70. Sůl a pepř krevety 166
71. Opilé krevety 168
72. Smažené krevety na šanghajský způsob 170
73. Ořechové krevety 172
74. Sametové hřebenatky 175
75. Mořské plody a zelenina restujte s nudlemi 178
76. Celá dušená ryba se zázvorem a jarní cibulkou 181
77. Smažená ryba se zázvorem a Bok Choy 184
78. Mušle v omáčce z černých fazolí 186
79. Kokosový kari krab 188
80. Smažená chobotnice z černého pepře 190
81. Smažené ústřice s konfetami s chilli a česnekem 192
82. Vzduchová fritéza Kokosové krevety 194
83. Fritéza s citronem a pepřem krevety 196
84. Krevety zabalené ve slanině 198
85. Úžasné krabí mušle 200
86. Houby plněné krevetami 202
87. Američan Ceviche 204
88. Vepřové a krevetové knedlíky 206
89. Předkrm Krevety Kabobs 208
90. Mexický krevetový koktejl 210

ORGANOVÉ MASO 212

91. Pečený hovězí jazyk 213
92. Marocký jaterní kebab 215
93. Quiche jedlíka masa 217
94. Snadné hovězí srdce 219
95. Dort pro masožrouty 221
96. Snadné kousnutí do ledvin z hovězího masa 223

97. Burgery z hovězího a kuřecího masa 225
98. Kuřecí srdce 227
99. Pečená kostní dřeň 229
100. Paštika z kuřecích jater 231

ZÁVĚR 233

ÚVOD

Vstupte do přírody a vydejte se na kulinářské dobrodružství s „Venkovní Kuchařka Masožravec", kde se kouřové aroma grilu, praskání táborového ohně a syčení divoké zvěře spojují a vytvářejí symfonii chutí. Tato kuchařka je vaším průvodcem, jak pozvednout vaření venku, a nabízí sbírku receptů na divokou zvěřinu navrženou pro gril, udírnu, vařič a táborák. Ať už jste ostřílený lovec nebo milovník venkovních hodů, připravte se užít si vzrušení z lovu a uspokojení z vaření sklizně pod širým nebem.

Představte si kamarádství kolem táborového ohně, divočinu ozývající se zvuky přírody a očekávání hostiny z štědrosti přírody. „Venkovní Kuchařka Masožravec" je více než jen sbírka receptů; je to óda na spojení mezi lovcem, zemí a lahodnými odměnami, které plynou z vaření ve volné přírodě.

Od dokonale grilovaných zvěřinových bifteků až po pikantní guláše na táboráku a neodolatelnou uzenou zvěřinu, každý recept je oslavou divokých chutí, které příroda poskytuje. Ať už jste v srdci zapadákova, v kempu u jezera nebo prostě na zahradě, tyto recepty jsou vytvořeny tak, aby se vaření venku stalo nezapomenutelným a lahodným zážitkem.

Připojte se k nám a prozkoumejte umění grilování, uzení a vaření u táboráku s divokou zvěří. „Venkovní Kuchařka Masožravec" je vaším společníkem při zvládání živlů, vychutnávání plodů lovu a vytváření nezapomenutelných venkovních jídel, která spojují lidi kolem ohně.

Takže rozdmýchejte plameny, připravte si vybavení a pojďme se ponořit do divokého a lahodného světa venkovního vaření s " Venkovní Kuchařka Masožravec ".

ČERVENÉ MASO

1. Snídaně klobása

SLOŽENÍ:
- 1 ½ libry mletého vepřového nebo hovězího masa nebo směsi obou
- ¾ lžičky sušené petrželky
- ½ lžičky pepře
- ¼ lžičky drcené červené papriky
- 2 lžíce tuku ze slaniny nebo ghí nebo sádla
- 1 ½ lžičky soli nebo podle chuti
- ½ lžičky sušené šalvěje
- ¼ lžičky fenyklových semínek
- ½ lžičky mletého koriandru

INSTRUKCE:
a) Do mísy přidejte maso, sůl, sušené bylinky a koření a dobře promíchejte.
b) Vytvořte 12 placiček a opečte je na tuku ze slaniny. Vařte, dokud nezhnědne.
c) Placičky otočte a dobře opečte z obou stran.
d) Vyjměte placičky a položte je na papírové ubrousky.
e) Zbývající klobásy uvaříme podobně.
f) Tyto klobásové placičky můžete zamrazit. Za tímto účelem, jakmile jsou klobásy vychladlé, přeneste je na plech a zmrazte, dokud nebudou pevné.
g) Zmražené klobásy vyjměte z plechu a vložte je do sáčků vhodných do mrazáku. Klobásky můžete zamrazit až na 6 měsíců.
h) Pokud je nechcete zmrazit, dejte párky ve vzduchotěsné nádobě do lednice. Spotřebujte do 5-6 dnů.

2.Snídaňový sendvič pro masožravce

SLOŽENÍ:
- 4 klobásové placičky
- 2 plátky sýra čedar (2 unce)
- 2 vejce
- 2 lžičky másla nebo slaniny
- Sůl a pepř na dochucení

INSTRUKCE:
a) Placičky vyrovnejte na tloušťku asi ½ palce.
b) Umístěte pánev na střední plamen. Přidejte 1 lžičku másla. Jakmile se máslo rozpustí, dejte do pánve placičky.
c) Vařte dohněda na spodní straně. Placičky otočte a dobře opečte i z druhé strany.
d) Placičky vyjměte z pánve děrovanou lžící a dejte stranou na vrstvy papírových ručníků, aby odkapaly.
e) Do pánve přidejte další lžičku másla. Jakmile se máslo rozpustí, rozklepněte vejce na pánvi. Vejce uvařte slunečnou stranou nahoru. Vejce dochutíme solí a pepřem.
f) Příprava sendviče: Na talíř položte 2 placičky a na každou placičku položte vejce a poté plátek sýra. Sendvič doplňte zbývajícími placičkami a podávejte.

3.Snídaňový kastrol se slaninou a klobásou

SLOŽENÍ:
- 6 vajec
- 6 plátků slaniny, vařené rozdrobené
- 1 hrnek strouhaného parmazánu
- ¾ libry klobás
- 6 lžic husté smetany
- 1 lžička horké omáčky
- Koření dle vlastního výběru

INSTRUKCE:
a) Do kastrolu přidejte trochu živočišného tuku a dobře ho vymažte.
b) Ujistěte se, že je vaše trouba předehřátá na 350 ° F.
c) Umístěte pánev s klobásou na střední plamen. Vařte do hněda. Při vaření ji musíte rozdrobovat. Vypněte topení.
d) Přidejte slaninu a dobře promíchejte. Masovou směs rozprostřete do kastrolu.
e) Maso posypeme ½ šálku sýra.
f) Vejce, smetanu, horkou omáčku a koření rozmixujte v mixéru do hladka.
g) Pokapejte vrstvu masa a sýra. Navrch nasypte zbývající sýr.
h) Kastrol pečte asi 30 minut nebo dokud není uvnitř dobře propečený. Pro kontrolu vložte nůž do středu zapékací misky a ihned jej vytáhněte. Pokud jsou na noži nějaké částečky, pečte ještě několik minut.
i) Nechte 10-12 minut vychladit a podávejte.

4.Biftek z Pánev žebrové oko

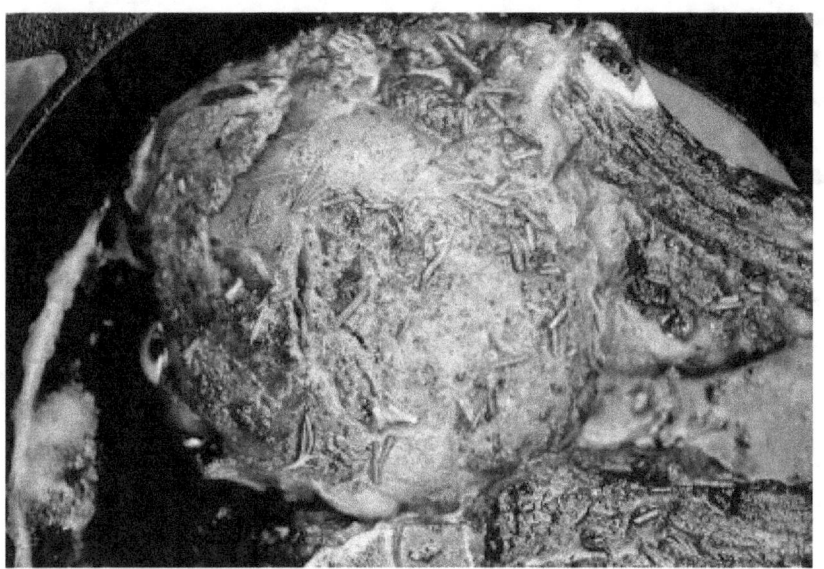

SLOŽENÍ:
- 2 bifteky s kostí (1 ¼ - 1 ½ palce silné)
- 4 čajové lžičky jemně nasekaných čerstvých listů rozmarýnu
- 2 lžíce olivového oleje
- 2 lžičky koření Stone House nebo jakéhokoli jiného koření dle vašeho výběru
- 2 lžíce nesoleného másla

INSTRUKCE:
a) Biftek posypte kořením. Dobře to do něj vetřete.
b) Položte ho na plech a posypte na něj lístky rozmarýnu.
c) Plech zakryjte potravinářskou fólií a vložte do chladničky. Vydrží čerstvé až 3 dny.
d) 30 minut před vařením vyjměte plech z chladničky a položte jej na pracovní desku.
e) Umístěte pánev na středně vysokou teplotu a nechte ji zahřát. Přidejte olej a máslo a počkejte, až se máslo rozpustí.
f) Vložte biftek do pánve.
g) Pro rare: Opékejte 2-3 minuty z obou stran, aby biftek ze všech stran získal zlatohnědou barvu. Během vaření biftek podlévejte tekutinou.
h) Pomocí kleští (za část) stiskněte biftek uprostřed. Když je měkký, vyjměte biftek z pánve a položte ho na prkénko.
i) Pro střední stupeň: Vařte 4 minuty nebo dokud není spodní strana lehce zlatavě hnědá. Jednou otočte strany a opékejte druhou stranu 4 minuty. Biftek během pečení potírejte uvařenou tekutinou.
j) Pomocí kleští stiskněte biftek uprostřed. Pokud je trochu tužší, vyjměte biftek z pánve.
k) Pro dobře propečené: Vařte 5–6 minut nebo dokud není spodní strana zlatavě hnědá. Jednou otočte strany a opékejte druhou stranu 5-6 minut. Biftek během pečení potírejte uvařenou tekutinou.
l) Pomocí kleští (za část) stiskněte biftek uprostřed. Pokud je hodně tuhé, vyjměte biftek z pánve.
m) Když jsou biftek upečené podle vašich představ, vyjměte biftek z pánve a položte je na prkénko.
n) Biftek zakryjte fólií a nechte 5 minut odpočívat.
o) Krájíme proti srsti a podáváme.

5.Skotská vejce

SLOŽENÍ:
- 3 středně velká vejce, natvrdo uvařená, oloupaná
- 1 lžička bylinek nebo koření dle vašeho výběru
- ¼ lžičky soli nebo podle chuti
- ½ kila mletého červeného masa dle vašeho výběru
- Pepř podle chuti (volitelné)

INSTRUKCE:
a) Předehřejte troubu na 350 ° F.
b) Vejce osušte poklepáním kuchyňskou utěrkou.
c) Použijte jakékoli preferované koření. Několik návrhů je kari, hořčice, petržel, italské koření nebo Old Bay.
d) Přednostně používejte libové maso, jinak se maso pokrývající vejce může odloupnout, když se tuk rozpustí.
e) Smíchejte maso, kořenící sůl a pepř v misce. Směs rozdělte na 3 stejné části.
f) Vezměte část masa a zploštěte ji dlaní. Doprostřed položte vejce a vejce přiklopte k masu (jako knedlík). Klademe na vymazaný plech.
g) Opakujte předchozí krok a připravte další skotská vejce.
h) Plech vložte do trouby a pečte asi 25 až 30 minut nebo do zlatohněda nahoře.

6.Sýrové masové kuličky

SLOŽENÍ:
- 1 unce vepřové kůže
- 1 libra mletého hovězího masa krmeného trávou
- ½ lžičky růžové mořské soli
- 1 ½ unce strouhaného italského sýra
- 1 velké pastované vejce
- ½ lžíce sádla

INSTRUKCE:
a) Připravíme si plech tak, že jej vyložíme pečícím papírem. Předehřejte troubu na 350 ° F.
b) V misce smíchejte hovězí maso, vepřové kůže, sůl, vejce, sýr a sádlo. Vytvořte 12 stejných dílů směsi a tvarujte kuličky. Kuličky položte na plech.
c) Masové kuličky pečte asi 20-30 minut. Asi po 10-12 minutách pečení kuličky otočte. Když jsou masové kuličky dobře uvařené, vnitřní teplota ve středu masové kuličky by měla být 165 ° F.
d) Masové kuličky můžete vařit ve vzduchové fritéze, pokud ji vlastníte. Během vaření ve vzduchové fritéze kuličky několikrát otočte.
e) Vyjměte masové kuličky z pánve a podávejte.

7. Biftekové nugety

SLOŽENÍ:
- 2 kilový srnčí biftek nebo hovězí biftek nakrájený na kousky
- Sádlo podle potřeby na smažení
- 2 velká pastovaná vejce

CHLEBENÍ
- 1 hrnek strouhaného parmazánu
- 1 lžička ochucené soli
- 1 hrnek vepřového panko

INSTRUKCE:
a) V misce rozklepněte vejce.
b) Do mělké misky přidejte vepřové panko, sůl a parmazán a promíchejte.
c) Nejprve namočte kousky bifteku ve vejci, jeden po druhém. Přebytečnou tekutinu setřete, nakapejte do parmazánové směsi a dejte na talíř.
d) Tento postup opakujte se zbývajícími kousky bifteku.
e) Do hluboké pánve nasypeme dostatek sádla. Pánev postavte na střední plamen a nechte rozpálit sádlo.
f) Když se olej zahřeje na přibližně 325 ° F, opatrně vhoďte do oleje několik kousků obalovaného bifteku. Kousky bifteku několikrát otočte, aby se rovnoměrně po celém povrchu opekly.
g) Biftek vyjměte děrovanou lžící a položte jej na talíř vyložený papírovými utěrkami. Nechte pár minut okapat.
h) Zbývající kousky bifteku opečte podobně (kroky 6-7). Sloužit.

8. Grilované jehněčí kotletky

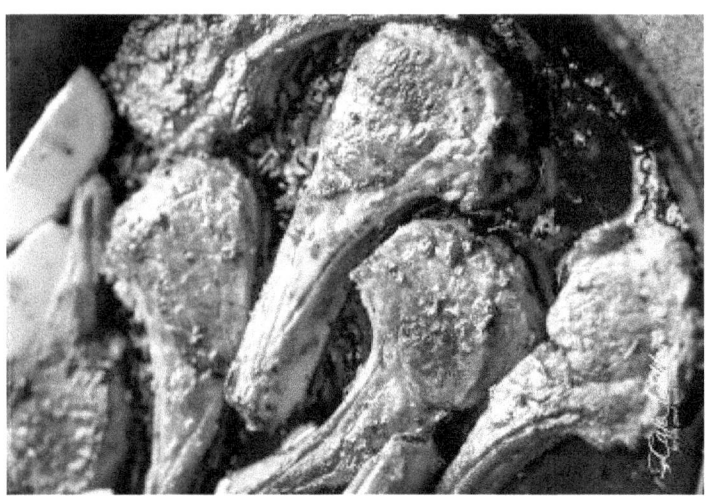

SLOŽENÍ:
- 4 jehněčí kotlety (¾ palce silné)
- ½ lžíce nadrobno nasekaného čerstvého rozmarýnu
- Sůl podle chuti
- 1 ½ lžíce extra panenského olivového oleje
- 2 stroužky česneku, oloupané, nasekané
- Čerstvě mletý pepř podle chuti

INSTRUKCE:
a) Do mísy přidejte rozmarýn, sůl, olej, česnek a pepř a dobře promíchejte.
b) Touto směsí potřete kotlety a dejte do mísy. Necháme asi 15 minut marinovat.
c) Mezitím si nastavte gril a předehřejte ho na středně vysokou. Můžete také vařit na grilovací pánvi.
d) Pro vzácné: Vařte 2–3 minuty nebo dokud není spodní strana světle zlatohnědá. Jednou otočte strany a opékejte druhou stranu 2-3 minuty.
e) Pro medium-rare: Vařte 4 minuty nebo dokud není spodní strana lehce zlatavá. Jednou otočte strany a opékejte druhou stranu 4 minuty.
f) Odstraňte děrovanou lžící a položte na servírovací talíř, který je vyložený pečicím papírem.
g) Po 5 minutách odpočinku podávejte.

9.Pečená jehněčí kýta

SLOŽENÍ:
- 2 stroužky česneku, oloupané, nakrájené na plátky
- Sůl podle chuti
- 2 ½ libry jehněčí kýty
- Pár snítek čerstvého rozmarýnu
- Pepř podle chuti

INSTRUKCE:
a) Připravíme si pekáč vymaštěním trochou tuku. Ujistěte se, že je vaše trouba předehřátá na 350 ° F.
b) Po celém jehněčím udělejte několik zářezů. Naplňte řezy plátky česneku.
c) Jehněčí stehýnka vydatně osolte a opepřete.
d) Na pánev nasypte několik snítek rozmarýnu a položte na ně jehněčí stehýnka. Naneste několik snítek rozmarýnu také na nohy.
e) Pečte asi 1 hodinu a 30 minut nebo tak, jak to preferujete. U medium-rare by měla vnitřní teplota uprostřed nejtlustší části masa ukazovat 135 °F.

10. Vepřový Ramen vývar

SLOŽENÍ:
- 1,1 libry vepřové kosti, nakrájené na velké kusy
- 2 ¾ liber prasečích klusáků, pouze porce kýty, nakrájené na menší kousky
- 1 kuřecí kostra
- 5,3 unce vepřové kůže
- 7 ½ litru vody a navíc k blanšírování

INSTRUKCE:
a) Na blanšírování kostí: Vezměte velký hrnec. Umístěte do něj prasečí klusáky a vepřové kosti. Nalijte tolik vody, aby pokrývala kosti.
b) Umístěte hrnec na střední plamen. Necháme asi 10 minut přejít varem. Odstraňte z tepla. Vyjměte kosti a nechte stranou.
c) Vodu vylijte a hrnec dobře opláchněte.
d) Očistěte kosti od případných krevních sraženin a špíny ostrým nožem. Ujistěte se, že jste to všechno odstranili.
e) Do velkého hrnce přidejte 7,5 litru vody. Přivést k varu. Přidejte kosti do hrnce. Přidejte také vepřovou kůži.
f) Snižte teplotu a nechte vařit.
g) Zpočátku se spodina začne vznášet na vrchol. Odstraňte špínu velkou lžící a vyhoďte ji. Odstraňte také přebytečný tuk.
h) Hrnec přikryjeme pokličkou a dusíme asi 12-15 hodin. Zásoba by se snížila v množství a bude hustší a poněkud zakalená.
i) Odstraňte z tepla. Když vychladne, sceďte do velké sklenice s drátěným sítkem.
j) Dejte na 5-6 dní do lednice. Nepoužitý vývar lze zmrazit.
k) Podávat: Důkladně prohřejte. Podle chuti osolíme a opepříme a podáváme.

11. Smažená vepřová panenka

SLOŽENÍ:
- 2 libry vepřové panenky, na čtvrtky
- Sůl a pepř na dochucení
- 2 lžíce ghí nebo sádla

INSTRUKCE:
a) Umístěte velkou pánev na střední plamen. Přidáme tuk a necháme rozpustit.
b) Přidejte vepřové maso a několik minut nerušeně restujte. Otočte a opékejte ostatní strany podobně, dokud vnitřní teplota masa v nejtlustší části neukáže 145 °F.
c) Vyjměte vepřové maso z pánve a položte ho na prkénko. Až vychladne, nakrájíme na 1 palec silné plátky. Sloužit.

12.Pečená vejce jedlíka masa

SLOŽENÍ:
- ½ lžíce slaného másla
- ½ lžičky sušené petrželky
- ¼ lžičky mleté uzené papriky
- 2 velká vejce
- 3,5 unce mletého hovězího masa
- ½ lžičky mletého kmínu
- Sůl a pepř na dochucení
- ¼ šálku strouhaného sýru čedar

INSTRUKCE:
a) Předehřejte troubu na 400 ° F.
b) Do malé zapékací pánve přidejte máslo a dejte ho na vysoký plamen a nechte rozpustit.
c) Přidejte hovězí maso a za stálého míchání minutu restujte.
d) Vmícháme papriku, sůl, pepř, kmín a petrželku. Během pečení maso lámejte. Vypněte topení.
e) Masovou směs rovnoměrně rozložte po celé pánvi. Do pánve udělejte 2 otvory. Otvory by měly být dostatečně velké, aby se do nich vešlo vajíčko.
f) V každé dutině rozbijte vejce.
g) Vložte pánev do trouby a pečte, dokud se vejce neuvaří tak, jak chcete.

13. Dušený vepřový bůček

SLOŽENÍ:
- 3/4 libry libového vepřového bůčku, s kůží
- 2 lžíce oleje
- 1 lžíce cukru (pokud máte, preferujte kamenný cukr)
- 3 lžíce shaoxingového vína
- 1 lžíce běžné sójové omáčky
- ½ lžíce tmavé sójové omáčky
- 2 šálky vody

INSTRUKCE:
a) Začněte rozřezáním vepřového bůčku na kousky o tloušťce 3/4 palce.
b) Přiveďte k varu hrnec s vodou. Kousky vepřového bůčku pár minut blanšírujte. Tím se zbaví nečistot a spustí se proces vaření. Vyjměte vepřové maso z hrnce, opláchněte a dejte stranou.
c) Na mírném ohni přidejte do woku olej a cukr. Mírně rozpusťte cukr a přidejte vepřové maso. Zvyšte teplotu na střední a vařte, dokud vepřové maso lehce nezhnědne.
d) Snižte teplotu zpět na minimum a přidejte shaoxingové víno na vaření, běžnou sójovou omáčku, tmavou sójovou omáčku a vodu.
e) Přikryjte a vařte asi 45 minut až 1 hodinu, dokud vepřové maso nezměkne. Každých 5-10 minut promíchejte, abyste zabránili připálení, a pokud příliš vyschne, přidejte více vody.
f) Jakmile je vepřové maso měkké, pokud je v něm stále hodně viditelné tekutiny, odkryjte wok, zvyšte teplotu a nepřetržitě míchejte, dokud se omáčka nezredukuje na lesklou vrstvu.

14. Smažená rajčata a hovězí maso

SLOŽENÍ:

- ¾ libry flank nebo skirt biftek, nakrájený proti srsti na ¼ palce silné plátky
- 1½ lžíce kukuřičného škrobu, rozdělená
- 1 lžíce rýžového vína Shaoxing
- Kóšer sůl
- Mletý bílý pepř
- 1 lžíce rajčatového protlaku
- 2 lžíce světlé sójové omáčky
- 1 lžička sezamového oleje
- 1 lžička cukru
- 2 lžíce vody
- 2 lžíce rostlinného oleje
- 4 oloupané plátky čerstvého zázvoru, každý o velikosti asi čtvrtiny
- 1 velká šalotka, nakrájená na tenké plátky
- 2 stroužky česneku, jemně nasekané
- 5 velkých rajčat, každé nakrájené na 6 měsíčků
- 2 jarní cibulky, oddělené bílé a zelené části, nakrájené na tenké plátky

INSTRUKCE:

a) V malé misce smíchejte hovězí maso s 1 lžící kukuřičného škrobu, rýžovým vínem a malou špetkou soli a bílého pepře. Odstavte na 10 minut.

b) V další malé misce smíchejte zbývající ½ lžíce kukuřičného škrobu, rajčatový protlak, světlou sóju, sezamový olej, cukr a vodu. Dát stranou.

c) Zahřejte wok na středně vysokou teplotu, dokud kapka vody nezasyčí a při kontaktu se neodpaří. Nalijte rostlinný olej a krouživým pohybem potřete základnu woku. Dochuťte olej přidáním zázvoru a špetkou soli. Zázvor nechte asi 30 sekund prosychat v oleji a jemně promíchejte.

d) Hovězí maso přendejte do woku a za stálého míchání smažte 3 až 4 minuty, dokud nebude růžové. Přidejte šalotku a česnek a za stálého míchání opékejte 1 minutu. Přidejte rajčata a bílky a pokračujte v restování.

e) Vmíchejte omáčku a pokračujte v opékání 1 až 2 minuty, nebo dokud se hovězí maso a rajčata obalí a omáčka mírně nezhoustne.

f) Zázvor vyhoďte, přendejte na mísu a ozdobte jarní cibulkou. Podávejte horké.

15. Hovězí maso a brokolice

SLOŽENÍ:
- ¾ libry biftek sukně, nakrájejte přes obilí na ¼ palce silné plátky
- 1 lžíce jedlé sody
- 1 lžíce kukuřičného škrobu
- 4 lžíce vody, rozdělené
- 2 lžíce ústřicové omáčky
- 2 lžíce rýžového vína Shaoxing
- 2 lžičky světle hnědého cukru
- 1 lžíce hoisin omáčky
- 2 lžíce rostlinného oleje
- 4 oloupané plátky čerstvého zázvoru, velké asi jako čtvrtina
- Kóšer sůl
- 1 libra brokolice, nakrájená na růžičky velikosti sousta
- 2 stroužky česneku, jemně nasekané

INSTRUKCE:
a) V malé misce smíchejte hovězí maso a jedlou sodu na obalení. Odstavte na 10 minut. Hovězí maso důkladně opláchněte a poté ho osušte papírovými utěrkami.
b) V jiné malé misce smíchejte kukuřičný škrob se 2 lžícemi vody a přimíchejte ústřicovou omáčku, rýžové víno, hnědý cukr a omáčku hoisin. Dát stranou.
c) Zahřejte wok na středně vysokou teplotu, dokud kapka vody nezasyčí a při kontaktu se neodpaří. Nalijte olej a krouživým pohybem potřete základnu woku. Dochuťte olej přidáním zázvoru a špetkou soli. Zázvor nechte asi 30 sekund prosychat v oleji a jemně promíchejte. Přidejte hovězí maso do woku a za stálého míchání smažte 3 až 4 minuty, až přestane být růžové. Hovězí maso přendejte do misky a dejte stranou.
d) Přidejte brokolici a česnek a za stálého míchání opékejte 1 minutu, poté přidejte zbývající 2 lžíce vody. Zakryjte wok a brokolici vařte v páře 6 až 8 minut, dokud nebude křupavá.
e) Hovězí maso vraťte do woku a míchejte v omáčce 2 až 3 minuty, dokud se úplně nepokryje a omáčka lehce nezhoustne. Zázvor vyhoďte, přendejte na talíř a podávejte horké.

16. Černý pepř hovězí restování

SLOŽENÍ:
- 1 lžíce ústřicové omáčky
- 1 lžíce rýžového vína Shaoxing
- 2 lžičky kukuřičného škrobu
- 2 lžičky světlé sójové omáčky
- Mletý bílý pepř
- ¼ lžičky cukru
- ¾ libry špiček hovězí svíčkové nebo svíčkové, nakrájené na 1-palcové kousky
- 3 lžíce rostlinného oleje
- 3 oloupané plátky čerstvého zázvoru, každý o velikosti asi čtvrtiny
- Kóšer sůl
- 1 zelená paprika, nakrájená na ½ palce široké proužky
- 1 malá červená cibule, nakrájená na tenké proužky
- 1 lžička čerstvě mletého černého pepře nebo více podle chuti
- 2 lžičky sezamového oleje

INSTRUKCE:

a) V míse smíchejte ústřicovou omáčku, rýžové víno, kukuřičný škrob, světlou sóju, špetku bílého pepře a cukr. Hovězí maso přihodíme na obal a necháme 10 minut marinovat.

b) Zahřejte wok na středně vysokou teplotu, dokud kapka vody nezasyčí a při kontaktu se neodpaří. Nalijte rostlinný olej a krouživým pohybem potřete základnu woku. Přidejte zázvor a špetku soli. Zázvor nechte asi 30 sekund prosychat v oleji a jemně promíchejte.

c) Pomocí kleští přendejte hovězí maso do woku a zlikvidujte zbývající marinádu. Opékejte na woku 1 až 2 minuty, nebo dokud se nevytvoří hnědá opečená kůrka. Hovězí maso otočte a opečte z druhé strany, další 2 minuty. Za stálého míchání opékejte, prohazujte a převracejte ve woku další 1 až 2 minuty, poté přendejte hovězí maso do čisté mísy.

d) Přidejte papriku a cibuli a za stálého míchání smažte 2 až 3 minuty, nebo dokud nebude zelenina lesklá a křehká. Vraťte hovězí maso do woku, přidejte černý pepř a za stálého míchání smažte ještě 1 minutu.

e) Zázvor vyhoďte, přendejte na talíř a navrch pokapejte sezamovým olejem. Podávejte horké.

17. Mongolské hovězí maso

SLOŽENÍ:

- 2 lžíce rýžového vína Shaoxing
- 1 lžíce tmavé sójové omáčky
- 1 lžíce kukuřičného škrobu, rozdělená
- ¾ libry flank biftek, nakrájený proti srsti na ¼ palce silné plátky
- ¼ šálku kuřecího vývaru s nízkým obsahem sodíku
- 1 lžíce světle hnědého cukru
- 1 šálek rostlinného oleje
- 4 nebo 5 celých sušených červených čínských chilli papriček
- 4 stroužky česneku, hrubě nasekané
- 1 lžička oloupaného jemně nasekaného čerstvého zázvoru
- ½ žluté cibule, nakrájené na tenké plátky
- 2 lžíce nahrubo nasekaného čerstvého koriandru

INSTRUKCE:

a) V míse smíchejte rýžové víno, tmavou sóju a 1 polévkovou lžíci kukuřičného škrobu. Přidejte nakrájený flank biftek a promíchejte, aby se obalil. Odstavte a nechte 10 minut marinovat.

b) Nalijte olej do woku a přiveďte ho na 375 ° F na středně vysokou teplotu. Olej má správnou teplotu poznáte, když do oleje ponoříte konec vařečky. Pokud olej kolem něj bublá a prská, je olej hotový.

c) Vyjměte hovězí maso z marinády, marinádu si ponechte. Do oleje přidejte hovězí maso a opékejte 2 až 3 minuty, dokud se nevyvine zlatavá kůrka. Pomocí wok skimmeru přendejte hovězí maso do čisté mísy a dejte stranou. Do misky s marinádou přidejte kuřecí vývar a hnědý cukr a míchejte, aby se spojily.

d) Vylijte z woku všechen olej kromě 1 polévkové lžíce a dejte na středně vysokou teplotu. Přidejte chilli papričky, česnek a zázvor. Aromatika nechte v oleji asi 10 sekund prosychat a jemně promíchejte.

e) Přidejte cibuli a za stálého míchání opékejte 1 až 2 minuty, nebo dokud není cibule měkká a průsvitná. Přidejte směs kuřecího vývaru a promíchejte, aby se spojila. Vařte asi 2 minuty, poté přidejte hovězí maso a vše společně míchejte dalších 30 sekund.

f) Přendejte na talíř, ozdobte koriandrem a podávejte horké.

18.Sečuánské hovězí s celerem a mrkví

SLOŽENÍ:

- 2 lžíce rýžového vína Shaoxing
- 1 lžíce tmavé sójové omáčky
- 2 lžičky sezamového oleje
- ¾ libry flank nebo skirt biftek, nakrájený proti srsti na ¼ palce silné plátky
- 1 lžíce hoisin omáčky
- 2 lžičky světlé sójové omáčky
- 2 lžičky vody
- 2 lžíce kukuřičného škrobu, rozdělené
- ¼ lžičky čínského prášku z pěti koření
- 2 lžíce rostlinného oleje
- 1 lžička sečuánského pepře, drceného
- 4 oloupané plátky čerstvého zázvoru, každý o velikosti asi čtvrtiny
- 3 stroužky česneku, lehce rozdrcené
- 2 řapíkatý celer, nakrájený na 3-palcové proužky
- 1 velká mrkev, oloupaná a nakrájená na 3-palcové proužky
- 2 jarní cibulky, nakrájené na tenké plátky

INSTRUKCE:

a) V míse smíchejte rýžové víno, tmavou sóju a sezamový olej. Přidejte hovězí maso a promíchejte, aby se spojilo. Odstavte na 10 minut. V malé misce smíchejte omáčku hoisin, světlou sóju, vodu, 1 lžíci kukuřičného škrobu a prášek z pěti koření. Dát stranou.

b) Zahřejte wok na středně vysokou teplotu, dokud kapka vody nezasyčí a při kontaktu se neodpaří. Nalijte rostlinný olej a krouživým pohybem potřete základnu woku. Dochuťte olej přidáním kuliček pepře, zázvoru a česneku. Aromatika nechte v oleji asi 10 sekund prosychat a jemně promíchejte.

c) Hovězí maso vhoďte do zbývající 1 lžíce kukuřičného škrobu, aby se obalilo, a přidejte do woku. Hovězí maso opékejte proti straně woku 1 až 2 minuty, nebo dokud se nevytvoří dozlatova opečená kůrka. Otočte a opékejte na druhé straně další minutu. Házejte a obracejte ještě asi 2 minuty, dokud není hovězí maso růžové.

d) Hovězí maso přesuňte po stranách woku a do středu přidejte celer a mrkev. Za stálého míchání smažte, házejte a obracejte, dokud zelenina nezměkne, další 2 až 3 minuty. Směs omáčky hoisin promíchejte a nalijte do woku. Pokračujte v restování, polévejte hovězí maso a zeleninu omáčkou po dobu 1 až 2 minut, dokud omáčka nezačne houstnout a nebude lesklá. Odstraňte zázvor a česnek a vyhoďte.

e) Přendejte na talíř a ozdobte jarní cibulkou. Podávejte horké.

19.Hoisin Hoisin Hoisin Salát poháry

SLOŽENÍ:
- ¾ libry mletého hovězího masa
- 2 lžičky kukuřičného škrobu
- Kóšer sůl
- Čerstvě mletý černý pepř
- 3 lžíce rostlinného oleje, rozdělené
- 1 lžíce oloupaného jemně nasekaného zázvoru
- 2 stroužky česneku, jemně nasekané
- 1 mrkev, oloupaná a oloupaná
- 1 (4 unce) plechovka vodních kaštanů nakrájených na kostičky, scezených a opláchnutých
- 2 lžíce hoisin omáčky
- 3 jarní cibulky, oddělené bílé a zelené části, nakrájené na tenké plátky
- 8 širokých listů ledového salátu (nebo Bibb) seříznutých do úhledných kulatých šálků

INSTRUKCE:
a) V misce posypte hovězí maso kukuřičným škrobem a špetkou soli a pepře. Dobře promíchejte, aby se spojily.
b) Zahřejte wok na středně vysokou teplotu, dokud kulička vody nezasyčí a při kontaktu se neodpaří. Nalijte 2 lžíce oleje a kroužívým pohybem potřete základnu woku. Přidejte hovězí maso a opečte z obou stran, poté prohoďte a otočte, přičemž hovězí maso lámejte na drobky a hrudky po dobu 3 až 4 minut, dokud hovězí maso již není růžové. Hovězí maso přendejte do čisté mísy a dejte stranou.
c) Wok otřete dočista a vraťte na střední teplotu. Přidejte zbývající 1 lžíci oleje a rychle orestujte zázvor a česnek se špetkou soli. Jakmile česnek rozvoní, vhoďte mrkev a vodní kaštany na 2 až 3 minuty, dokud mrkev nezměkne. Snižte teplotu na střední, vraťte hovězí maso do woku a promíchejte s omáčkou hoisin a bílky z jarní cibulky. Házením pro kombinaci, asi dalších 45 sekund.
d) Rozložte listy salátu, 2 na talíř, a rovnoměrně rozdělte hovězí směs mezi listy salátu. Ozdobte jarní cibulkou a snězte jako měkké taco.

20. Smažené vepřové kotlety s cibulkou

SLOŽENÍ:
- 4 kotlety vepřové karé bez kosti
- 1 lžíce vína Shaoxing
- ½ lžičky čerstvě mletého černého pepře
- Kóšer sůl
- 3 šálky rostlinného oleje
- 2 lžíce kukuřičného škrobu
- 3 oloupané plátky čerstvého zázvoru, každý o velikosti asi čtvrtiny
- 1 středně žlutá cibule, nakrájená na tenké plátky
- 2 stroužky česneku, jemně nasekané
- 2 lžíce světlé sójové omáčky
- 1 lžička tmavé sójové omáčky
- ½ lžičky červeného vinného octa
- Cukr

INSTRUKCE:

a) Naklepejte vepřové kotlety paličkou na maso, dokud nebudou tlusté ½ palce. Dejte do misky a ochuťte rýžovým vínem, pepřem a špetkou soli. Marinujte 10 minut.

b) Nalijte olej do woku; olej by měl být asi 1 až 1½ palce hluboký. Přiveďte olej na 375 ° F na středně vysokou teplotu. Olej má správnou teplotu poznáte, když do oleje ponoříte konec vařečky. Pokud olej kolem něj bublá a prská, je olej hotový.

c) Ve 2 dávkách obalte kotlety kukuřičným škrobem. Jemně je po jednom ponořte do oleje a smažte 5 až 6 minut, dokud nezezlátnou. Přeneste na talíř vyložený papírovou utěrkou.

d) Vylijte z woku všechen olej kromě 1 polévkové lžíce a dejte na středně vysokou teplotu. Dochuťte olej přidáním zázvoru a špetkou soli. Zázvor nechte asi 30 sekund prosychat v oleji a jemně promíchejte.

e) Za stálého míchání opékejte cibuli asi 4 minuty, dokud nebude průsvitná a měkká. Přidejte česnek a za stálého míchání smažte dalších 30 sekund, nebo dokud nebude voňavý. Přeneste na talíř s vepřovými kotletami.

f) Do woku nalijte světlou sóju, tmavou sóju, červený vinný ocet a špetku cukru a míchejte, aby se spojily.

g) Přiveďte k varu a do woku vraťte cibuli a vepřové kotlety. Promíchejte, aby se omáčka spojila, až začne mírně houstnout.

h) Odstraňte zázvor a vyhoďte. Přendejte na talíř a ihned podávejte.

21. Pět koření Vepřové maso s Bok Choy

SLOŽENÍ:

- 1 lžíce světlé sójové omáčky
- 1 lžíce rýžového vína Shaoxing
- 1 čajová lžička čínského prášku z pěti koření
- 1 lžička kukuřičného škrobu
- ½ lžičky světle hnědého cukru
- ¾ libry mletého vepřového masa
- 2 lžíce rostlinného oleje
- 2 stroužky česneku, oloupané a mírně rozdrcené
- Kóšer sůl
- 2 až 3 hlavy bok choy, nakrájené příčně na kousky velikosti sousta
- 1 mrkev, oloupaná a oloupaná
- Vařená rýže, k podávání

INSTRUKCE:

a) V míse smíchejte světlou sóju, rýžové víno, prášek z pěti koření, kukuřičný škrob a hnědý cukr. Přidejte vepřové maso a jemně promíchejte, aby se spojilo. Nechte 10 minut marinovat.

b) Zahřejte wok na středně vysokou teplotu, dokud kapka vody nezasyčí a při kontaktu se neodpaří. Nalijte olej a krouživým pohybem potřete základnu woku. Olej dochutíme přidáním česneku a špetkou soli. Česnek nechte v oleji asi 10 sekund proschnout a jemně promíchejte.

c) Přidejte do woku vepřové maso a nechte ho opékat u stěn woku 1 až 2 minuty, nebo dokud se nevytvoří zlatá kůrka. Otočte a opékejte na druhé straně další minutu. Prohoďte a otočte, aby se vepřové maso smažilo ještě 1 až 2 minuty, rozdrobte ho na drobky a hrudky, až přestane být růžové.

d) Přidejte bok choy a mrkev a promíchejte a otočte, aby se spojily s vepřovým masem. Smažte za stálého míchání 2 až 3 minuty, dokud mrkev a bok choy nezměknou. Přendejte na talíř a podávejte horké s dušenou rýží.

22.Hoisin vepřová restovaná

SLOŽENÍ:

- 2 lžičky rýžového vína Shaoxing
- 2 lžičky světlé sójové omáčky
- ½ lžičky chilli pasty
- ¾ libry vykostěné vepřové panenky, nakrájené na tenké plátky na nudličky julienne
- 2 lžíce rostlinného oleje
- 4 oloupané plátky čerstvého zázvoru, každý o velikosti asi čtvrtiny
- Kóšer sůl
- 4 unce sněhového hrášku, tenkého nakrájeného na diagonále
- 2 lžíce hoisin omáčky
- 1 lžíce vody

INSTRUKCE:

a) V misce smíchejte rýžové víno, světlou sóju a chilli pastu. Přidejte vepřové maso a promíchejte, abyste obalili. Nechte 10 minut marinovat.

b) Zahřejte wok na středně vysokou teplotu, dokud kapka vody nezasyčí a při kontaktu se neodpaří. Nalijte olej a krouživým pohybem potřete základnu woku. Dochuťte olej přidáním zázvoru a špetkou soli. Zázvor nechte asi 30 sekund prosychat v oleji a jemně promíchejte.

c) Přidejte vepřové maso a marinádu a za stálého míchání opékejte 2 až 3 minuty, až přestane být růžové. Přidejte sněhový hrášek a za stálého míchání smažte asi 1 minutu, dokud nebude měkký a průsvitný. Vmíchejte hoisin omáčku a vodu, aby se omáčka uvolnila. Pokračujte v házení a překlápění po dobu 30 sekund, nebo dokud se omáčka neprohřeje a vepřové maso se sněhovým hráškem se obalí.

d) Přendejte na talíř a podávejte horké.

23.Dvakrát vařený vepřový bůček

SLOŽENÍ:

- 1 libra vepřového bůčku bez kosti
- ⅓ šálku omáčky z černých fazolí nebo omáčky z černých fazolí
- 1 lžíce rýžového vína Shaoxing
- 1 lžička tmavé sójové omáčky
- ½ lžičky cukru
- 2 lžíce rostlinného oleje, rozdělené
- 4 oloupané plátky čerstvého zázvoru, každý o velikosti asi čtvrtiny
- Kóšer sůl
- 1 pórek, rozpůlený podélně a nakrájený na diagonále na ½-palcové plátky
- ½ červené papriky, nakrájené na plátky

INSTRUKCE:

a) Do velkého hrnce dejte vepřové maso a podlijte vodou. Přiveďte pánev k varu a poté snižte na mírný plamen. Odkryté dusíme 30 minut, nebo dokud není vepřové maso měkké a propečené. Pomocí děrované lžíce přendejte vepřové maso do misky (vylijte tekutinu z vaření) a nechte vychladnout. Dejte na několik hodin nebo přes noc do lednice. Jakmile vepřové maso vychladne, nakrájejte jej na tenké plátky o tloušťce ¼ palce a dejte stranou. Necháte-li vepřové maso před krájením úplně vychladnout, bude se snáze krájet na tenké plátky.

b) Ve skleněné odměrce smíchejte omáčku z černých fazolí, rýžové víno, tmavou sóju a cukr a dejte stranou.

c) Zahřejte wok na středně vysokou teplotu, dokud kapka vody nezasyčí a při kontaktu se neodpaří. Nalijte 1 lžíci oleje a krouživým pohybem potřete základnu woku. Dochuťte olej přidáním zázvoru a špetkou soli. Zázvor nechte asi 30 sekund prosychat v oleji a jemně promíchejte.

d) Při práci v dávkách přeneste polovinu vepřového masa do woku. Kousky necháme 2 až 3 minuty opékat ve woku. Překlopte a opékejte na druhé straně ještě 1 až 2 minuty, dokud se vepřové maso nezačne kroutit. Přendejte do čisté misky. Opakujte se zbývajícím vepřovým masem.

e) Přidejte zbývající 1 lžíci oleje. Přidejte pórek a červenou papriku a za stálého míchání opékejte 1 minutu, dokud pórek nezměkne. Vmíchejte omáčku a za stálého míchání smažte, dokud nebude voňavá.

f) Vraťte vepřové maso na pánev a pokračujte v restování další 2 až 3 minuty, dokud není vše propečené.

g) Plátky zázvoru vyhoďte a přeneste na servírovací talíř.

24. Mu Shu vepřové maso s palačinkami na pánvi

SLOŽENÍ:
NA palačinky
- 1¾ šálků univerzální mouky
- ¾ šálku vroucí vody
- Kóšer sůl
- 3 lžíce sezamového oleje

PRO MU SHU VEPŘOVÉ
- 2 lžíce světlé sójové omáčky
- 1 lžička kukuřičného škrobu
- 1 lžička rýžového vína Shaoxing
- Mletý bílý pepř
- ¾ libry vykostěné vepřové panenky, nakrájené proti srsti na ¼ palce široké proužky
- 3 lžíce rostlinného oleje
- 2 lžičky oloupaného jemně nasekaného čerstvého zázvoru
- Kóšer sůl
- 1 velká mrkev, oloupaná a tence nakrájená na 3 palce
- 6 až 8 čerstvých dřevěných klasů, nakrájených na tenké plátky na proužky julienne
- ½ malé hlávkové zelené zelí, nakrájené
- 2 jarní cibulky, nakrájené na ½ palce
- 1 (4 unce) plechovka nakrájené bambusové výhonky, okapané a nakrájené na tenké proužky
- ¼ šálku švestkové omáčky, k podávání

INSTRUKCE:
NA VÝROBU PALAKIN
a) Ve velké míse smíchejte dřevěnou lžící mouku, vroucí vodu a špetku soli. Vše spojte, dokud z toho nevznikne chlupaté těsto. Těsto přendejte na pomoučněný prkénko a ručně hněťte asi 4 minuty, nebo dokud nebude hladké.
b) Těsto bude horké, proto si vezměte jednorázové rukavice na ochranu rukou. Vraťte těsto do mísy a zakryjte plastovým obalem. Necháme 30 minut odpočinout.
c) Rukama vytvarujte těsto do polena dlouhého 12 palců.

d) Nařežte poleno na 12 stejných kusů, přičemž zachovejte kulatý tvar, abyste vytvořili medailonky. Medailonky zploštíme dlaněmi a vršky potřeme sezamovým olejem. Naolejované strany přitlačte k sobě, abyste vytvořili 6 stohů zdvojených kousků těsta.
e) Každý stoh vyválejte do jednoho tenkého kulatého plátu o průměru 7 až 8 palců. Nejlepší je při rolování palačinku neustále obracet, abyste dosáhli rovnoměrné tenkosti na obou stranách.
f) Rozpalte litinovou pánev na středně vysokou teplotu a palačinky opékejte jednu po druhé asi 1 minutu na první straně, dokud lehce nezprůsvitní a nezačnou dělat puchýře. Otočte a pečte z druhé strany, dalších 30 sekund.
g) Palačinku přendejte na talíř vyložený kuchyňskou utěrkou a obě palačinky opatrně stáhněte od sebe. Uchovávejte je přikryté pod ručníkem, aby zůstaly v teple, zatímco budete pokračovat se zbývajícími palačinkami. Nechte stranou, dokud nebudete připraveni k podávání.

ABY SE MU SHU VYROBILO VELKÉ

h) V míse smíchejte světlou sóju, kukuřičný škrob, rýžové víno a špetku bílého pepře. Přidejte nakrájené vepřové maso, promíchejte a nechte 10 minut marinovat.
i) Zahřejte wok na středně vysokou teplotu, dokud kapka vody nezasyčí a při kontaktu se neodpaří. Nalijte rostlinný olej a krouživým pohybem potřete základnu woku. Dochuťte olej přidáním zázvoru a špetkou soli. Zázvor nechte asi 10 sekund prosychat v oleji a jemně promíchejte.
j) Přidejte vepřové maso a za stálého míchání smažte 1 až 2 minuty, dokud nebude růžové. Přidejte mrkev a houby a pokračujte v opékání další 2 minuty, nebo dokud mrkev nezměkne.
k) Přidejte zelí, jarní cibulku a bambusové výhonky a za stálého míchání smažte další minutu, nebo dokud se nezahřeje.
l) Přendejte do mísy a podávejte tak, že do středu palačinky nanesete vepřovou náplň a přelijete švestkovou omáčkou.

25. Vepřová žebírka s omáčkou z černých fazolí

SLOŽENÍ:
- 1 libra vepřových žebírek, nakrájená příčně na 1,5 palce široké proužky
- ¼ lžičky mletého bílého pepře
- 2 lžíce omáčky z černých fazolí nebo omáčky z černých fazolí
- 1 lžíce rýžového vína Shaoxing
- 1 lžíce rostlinného oleje
- 2 lžičky kukuřičného škrobu
- ½-palcový kousek čerstvého zázvoru, oloupaný a jemně nasekaný
- 2 stroužky česneku, jemně nasekané
- 1 lžička sezamového oleje
- 2 jarní cibulky, nakrájené na tenké plátky

INSTRUKCE:
a) Nakrájejte mezi žebra, abyste je rozdělili na žebra velikosti sousta. V mělké, žáruvzdorné misce smíchejte žebra a bílý pepř. Přidejte omáčku z černých fazolí, rýžové víno, rostlinný olej, kukuřičný škrob, zázvor a česnek a promíchejte, abyste se ujistili, že jsou žebra potažená. Marinujte 10 minut.
b) Opláchněte bambusový napařovací koš a jeho víko pod studenou vodou a vložte je do woku. Nalijte 2 palce vody, nebo dokud nepřesáhne spodní okraj napařovače asi o ¼ až ½ palce, ale ne tolik, aby se dotýkala dna koše. Umístěte misku s žebry do parního koše a přikryjte.
c) Zvyšte teplotu na vysokou, aby se voda vařila, a poté snižte teplotu na středně vysokou. Vařte v páře na středně vysoké teplotě po dobu 20 až 22 minut, nebo dokud žebra přestanou být růžová. Možná budete muset doplnit vodu, takže průběžně kontrolujte, zda se ve woku nevyvaří nasucho.
d) Opatrně vyjměte misku z napařovacího koše. Žebra pokapejte sezamovým olejem a ozdobte jarní cibulkou. Ihned podávejte.

26.Smažené mongolské jehněčí

SLOŽENÍ:
- 2 lžíce rýžového vína Shaoxing
- 1 lžíce tmavé sójové omáčky
- 3 stroužky česneku, nasekané
- 2 lžičky kukuřičného škrobu
- 1 lžička sezamového oleje
- 1 libra vykostěné jehněčí kýty, nakrájená na ¼ palce silné plátky
- 3 lžíce rostlinného oleje, rozdělené
- 4 oloupané plátky čerstvého zázvoru, každý o velikosti asi čtvrtiny
- 2 celé sušené červené chilli papričky (volitelně)
- Kóšer sůl
- 4 jarní cibulky, nakrájené na 3 palce dlouhé kousky a poté podélně nakrájené na tenké plátky

INSTRUKCE:
a) Ve velké míse smíchejte rýžové víno, tmavou sóju, česnek, kukuřičný škrob a sezamový olej. Do marinády přidejte jehněčí maso a promíchejte, aby se obalilo. Marinujte 10 minut.

b) Zahřejte wok na středně vysokou teplotu, dokud kapka vody nezasyčí a při kontaktu se neodpaří. Nalijte 2 lžíce rostlinného oleje a krouživým pohybem potřete základnu woku. Dochuťte olej přidáním zázvoru, chilli (pokud používáte) a špetkou soli. Nechte aromatické látky v oleji asi 30 sekund prosychat a jemně protřepejte.

c) Kleštěmi zvedněte polovinu jehněčího masa z marinády a mírně zatřeste, aby přebytek okapal. Rezervujte si marinádu. Smažte ve woku 2 až 3 minuty. Překlopte a opékejte na druhé straně další 1 až 2 minuty. Za stálého míchání smažte rychlým přehazováním a převracením ve woku ještě 1 minutu. Přendejte do čisté misky. Přidejte zbývající 1 lžíci rostlinného oleje a opakujte se zbývajícím jehněčím.

d) Vraťte všechno jehněčí a odloženou marinádu do woku a vhoďte jarní cibulku. Za stálého míchání opékejte další 1 minutu, nebo dokud není jehněčí maso propečené a marináda se nezmění v lesklou omáčku.

e) Přendejte na servírovací talíř, zázvor vyhoďte a podávejte horké.

27.Jehněčí se zázvorem a pórkem

SLOŽENÍ:

- ¾ libry vykostěné jehněčí kýty, nakrájené na 3 kousky a poté nakrájené na tenké plátky přes zrno
- Kóšer sůl
- 2 lžíce rýžového vína Shaoxing
- 1 lžíce tmavé sójové omáčky
- 1 lžíce světlé sójové omáčky
- 1 lžička ústřicové omáčky
- 1 lžička medu
- 1 až 2 lžičky sezamového oleje
- ½ lžičky mletého sečuánského pepře
- 2 lžičky kukuřičného škrobu
- 2 lžíce rostlinného oleje
- 1 polévková lžíce oloupaného a jemně nasekaného čerstvého zázvoru
- 2 pórky, okrájené a nakrájené na tenké plátky
- 4 stroužky česneku, jemně nasekané

INSTRUKCE:

a) V mixovací misce jehněčí maso lehce ochutíme 1 až 2 špetkami soli. Protřepejte a nechte 10 minut stát. V malé misce smíchejte rýžové víno, tmavou sóju, světlou sóju, ústřicovou omáčku, med, sezamový olej, sečuánský pepř a kukuřičný škrob. Dát stranou.

b) Zahřejte wok na středně vysokou teplotu, dokud kapka vody nezasyčí a při kontaktu se neodpaří. Nalijte rostlinný olej a krouživým pohybem potřete základnu woku. Dochuťte olej přidáním zázvoru a špetkou soli. Zázvor nechte asi 10 sekund prosychat v oleji a jemně promíchejte.

c) Přidejte jehněčí maso a opékejte 1 až 2 minuty, poté začněte restovat, házet a obracet další 2 minuty, nebo dokud přestane být růžové. Přendejte do čisté misky a dejte stranou.

d) Přidejte pórek a česnek a za stálého míchání opékejte 1 až 2 minuty, nebo dokud není pórek jasně zelený a měkký. Přendejte do jehněčí mísy.

e) Vlijte směs omáčky a vařte 3 až 4 minuty, dokud se omáčka nezredukuje na polovinu a nezmění se na lesklou. Vraťte jehněčí maso a zeleninu do woku a promíchejte, aby se spojily s omáčkou.

f) Přendejte na talíř a podávejte horké.

28.Hovězí thajská bazalka

SLOŽENÍ:
- 2 lžíce oleje
- 12 oz. hovězí maso nakrájené na tenké plátky proti srsti a smíchané s 1 čajovou lžičkou oleje a 2 lžičkami kukuřičného škrobu
- 5 stroužků česneku, nasekaných
- ½ červené papriky, nakrájené na tenké plátky
- 1 malá cibule, nakrájená na tenké plátky
- 2 lžičky sójové omáčky
- 1 lžička tmavé sójové omáčky
- 1 lžička ústřicové omáčky
- 1 lžíce rybí omáčky
- ½ lžičky cukru
- 1 šálek lístků thajské bazalky, zabalené
- Koriandr, na ozdobu

INSTRUKCE:
a) Zahřejte wok na vysokou teplotu a přidejte olej. Hovězí maso opečte, dokud nezhnědne. Sundejte z woku a dejte stranou.
b) Do woku přidejte česnek a červenou papriku a za stálého míchání smažte asi 20 sekund.
c) Přidejte cibuli a za stálého míchání smažte, dokud nezhnědne a lehce zkaramelizuje.
d) Vhoďte zpět hovězí maso spolu se sójovou omáčkou, tmavou sójovou omáčkou, ústřicovou omáčkou, rybí omáčkou a cukrem.
e) Za stálého míchání smažte dalších několik sekund a poté vmíchejte thajskou bazalku, dokud nezvadne.
f) Podávejte s jasmínovou rýží a ozdobte koriandrem.

29.Čínské BBQ vepřové maso

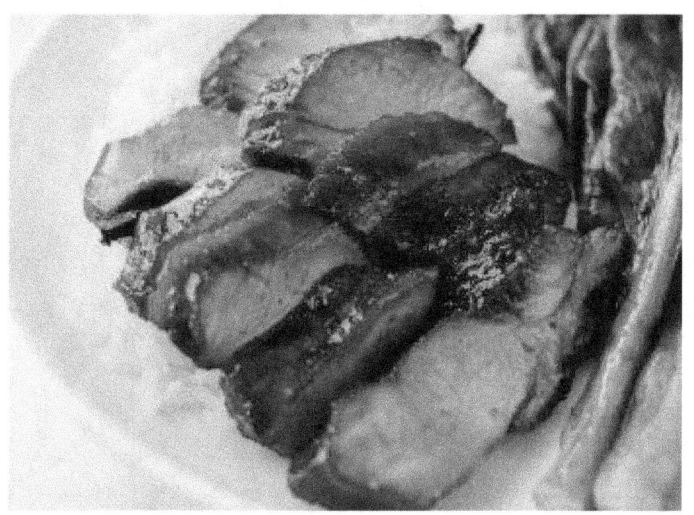

SLOŽENÍ:
- 3 libry (1,4 kg) vepřové plec / vepřového zadku (vyberte kus s trochou dobrého tuku)
- ¼ šálku (50 g) cukru
- 2 lžičky soli
- ½ čajové lžičky prášku z pěti koření
- ¼ lžičky bílého pepře
- ½ lžičky sezamového oleje
- 1 lžíce vína Shaoxing popř
- Čínské švestkové víno
- 1 lžíce sójové omáčky
- 1 lžíce hoisin omáčky
- 2 lžičky melasy
- 3 stroužky jemně nasekaného česneku
- 2 lžíce maltózy nebo medu
- 1 lžíce horké vody

INSTRUKCE:

a) Vepřové maso nakrájejte na dlouhé proužky nebo kousky silné asi 3 palce. Neodstraňujte žádný přebytečný tuk, protože by se oddělil a dodal chuť.

b) Smíchejte cukr, sůl, prášek z pěti koření, bílý pepř, sezamový olej, víno, sójovou omáčku, omáčku hoisin, melasu, potravinářské barvivo (pokud používáte) a česnek v misce, abyste vytvořili marinádu.

c) Nechte si asi 2 lžíce marinády a dejte stranou. Ve velké míse nebo pekáčku potřeme vepřové maso zbytkem marinády. Přikryjte a dejte do lednice přes noc nebo alespoň 8 hodin. Odloženou marinádu také přikryjte a uložte do lednice.

d) Předehřejte troubu na nejvyšší stupeň (475-550 stupňů F nebo 250-290 stupňů C) s roštem umístěným v horní třetině trouby. Plechovou formu vyložte fólií a umístěte na ni kovovou mřížku. Umístěte vepřové maso na rošt a mezi kusy ponechejte co nejvíce prostoru. Nalijte 1 ½ šálku vody do pánve pod mřížkou. Tím se zabrání připálení nebo kouření kapek.

e) Vepřové maso přendejte do předehřáté trouby a pečte 25 minut. Po 25 minutách vepřové maso otočte. Pokud je dno pánve suché, přidejte další šálek vody. Otočte pánev o 180 stupňů, abyste zajistili rovnoměrné opékání. Pečte dalších 15 minut.

f) Mezitím smíchejte odloženou marinádu s maltózou nebo medem a 1 lžící horké vody. Toto bude omáčka, kterou použijete na polévání vepřového masa.

g) Po 40 minutách celkové doby pečení vepřové maso potírejte, otočte a potřete i druhou stranou. Opékejte posledních 10 minut.

h) Po 50 minutách celkové doby pečení by mělo být vepřové maso propečené a zkaramelizované. Pokud není zkaramelizovaný podle vašich představ, můžete brojler na pár minut zapnout, aby byl zvenku křupavý a přidal nějakou barvu/chuť.

i) Vyjměte z trouby a polijte posledním kouskem odložené BBQ omáčky. Před krájením nechte maso 10 minut odpočinout a užívejte si!

30.Dušené BBQ vepřové buchty

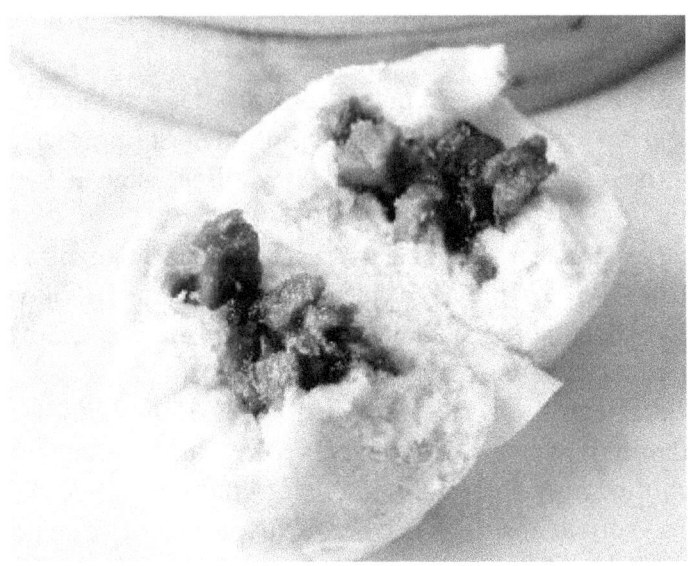

SLOŽENÍ:
NA DUŠENÉ TĚSTO ŽEHLOVÉ:
- 1 lžička aktivního suchého droždí
- ¾ šálku teplé vody
- 2 hrnky univerzální mouky
- 1 šálek kukuřičného škrobu
- 5 lžic cukru
- ¼ šálku řepky nebo rostlinného oleje
- 2½ lžičky prášku do pečiva

K NÁPLNĚ:
- 1 lžíce oleje
- ⅓ šálku jemně nakrájené šalotky nebo červené cibule
- 1 lžíce cukru
- 1 lžíce světlé sójové omáčky
- 1½ lžíce ústřicové omáčky
- 2 lžičky sezamového oleje
- 2 lžičky tmavé sójové omáčky
- ½ šálku kuřecího vývaru
- 2 lžíce univerzální mouky
- 1½ šálku nakrájeného čínského pečeného vepřového masa

INSTRUKCE:

a) V míse elektrického šlehače vybaveného nástavcem na hnětání těsta (můžete použít i běžnou mísu a hnětat ručně) rozpusťte 1 lžičku aktivního suchého droždí ve 3/4 šálku teplé vody. Mouku a kukuřičný škrob prosejeme a přidáme do droždí spolu s cukrem a olejem.

b) Zapněte mixér na nejnižší stupeň a nechte ho běžet, dokud nevznikne hladká koule těsta. Přikryjeme vlhkou utěrkou a necháme 2 hodiny odpočívat. (Prášek do pečiva přidáte později!)

c) Zatímco těsto odpočívá, připravíme masovou náplň. Zahřejte 1 lžíci oleje ve woku na středně vysokou teplotu. Přidejte šalotku/cibuli a za stálého míchání opékejte 1 minutu. Snižte teplotu na středně nízkou a přidejte cukr, světlou sójovou omáčku, ústřicovou omáčku, sezamový olej a tmavou sójovou omáčku. Míchejte a vařte, dokud směs nezačne bublat. Přidejte kuřecí vývar a mouku, vařte 3 minuty, dokud nezhoustne. Sundejte z plotny a vmíchejte vepřovou pečínku. Dejte stranou vychladnout. Pokud děláte náplň předem, přikryjte a dejte do chladničky, aby nevyschla.

d) Poté, co těsto odpočívá po dobu 2 hodin, přidejte do těsta prášek do pečiva a zapněte mixér na nejnižší stupeň. V tuto chvíli, pokud se těsto zdá suché nebo máte potíže se zapracováním prášku do pečiva, přidejte 1-2 čajové lžičky vody. Jemně hněteme těsto, dokud nebude opět hladké. Přikryjeme vlhkou utěrkou a necháme dalších 15 minut odpočívat. Mezitím si vezměte velký kus pergamenu a nakrájejte ho na deset čtverců 4x4 palce. Připravte si parní hrnec tak, že přivedete vodu k varu.

e) Nyní jsme připraveni sestavit bochánky: těsto vyválejte do dlouhé trubky a rozdělte na 10 stejných dílů. Každý kousek těsta vtlačte na kotouč o průměru asi 4,5 palce (měl by být silnější ve středu a tenčí kolem okrajů). Přidejte trochu náplně a plisujte housky, dokud nebudou nahoře uzavřené.

f) Každý bochánek položte na čtverec pečícího papíru a napařte. Housky jsem vařila v páře ve dvou samostatných dávkách pomocí bambusu v páře.

g) Jakmile se voda vaří, vložte housky do paráku a každou várku vařte 12 minut na vysoké teplotě.

31.Kantonský pečený vepřový bůček

SLOŽENÍ:
- 3 lb plát vepřového bůčku, kůže
- 2 lžičky vína Shaoxing
- 2 lžičky soli
- 1 lžička cukru
- ½ čajové lžičky prášku z pěti koření
- ¼ lžičky bílého pepře
- 1½ lžičky rýžového vinného octa
- ½ šálku hrubé mořské soli

INSTRUKCE:
a) Vepřový bůček opláchněte a osušte. Položte ho kůží dolů na tác a vetřete shaoxingové víno do masa (ne do kůže). Smíchejte sůl, cukr,
b) pět koření prášek a bílý pepř. Tuto směs koření důkladně vetřeme i do masa. Maso otočte tak, aby bylo kůží nahoru.
c) Takže, abychom udělali další krok, je tu vlastně speciální nástroj, který restaurace používají, ale my jsme použili jen ostrou kovovou špejli. Systematicky vyrývejte dírky po celé pokožce, což pomůže pokožce křupat, místo aby zůstala hladká a kožovitá. Čím více děr, tím lépe. Také se ujistěte, že jdou dostatečně hluboko. Zastavte těsně nad tukovou vrstvou pod ní.
d) Vepřový bůček necháme odkrytý v lednici zaschnout, 12-24 hodin.
e) Předehřejte troubu na 375 stupňů F. Umístěte velký kus hliníkové fólie (nejlépe funguje těžká fólie) na pečicí plech a sklopte boky kolem vepřového masa těsně tak, abyste kolem něj vytvořili jakousi krabici. s okrajem vysokým 1 palec po stranách.
f) Potřete vepřovou kůži rýžovým vinným octem. Mořskou sůl zabalte do jedné rovnoměrné vrstvy na kůži, aby bylo vepřové maso zcela zakryté. Vložte do trouby a pečte 1 hodinu a 30 minut. Pokud má bůček stále připojené žebro, pečte 1 hodinu a 45 minut.
g) Vyjměte vepřové maso z trouby, zapněte brojler na minimum a umístěte rošt trouby do nejnižší polohy. Odstraňte vrchní vrstvu mořské soli z vepřového bůčku, rozložte fólii a na pánev umístěte rošt na pečení.
h) Umístěte vepřový bůček na rošt a vložte jej zpět pod brojler, aby byl křupavý. To by mělo trvat 10-15 minut. Brojler by měl být ideálně na „nízké" úrovni, aby k tomuto procesu mohlo docházet postupně. Pokud se vám brojler pěkně zahřeje, bedlivě ho sledujte a vepřové maso držte co nejdále od zdroje tepla.
i) Když kůže nafoukne a zkřupe, vyjměte ji z trouby. Necháme asi 15 minut odpočinout. Nakrájejte a podávejte!

BÍLÉ MASO

32.Krémová česneková kuřecí polévka

SLOŽENÍ:
- 4 lžíce másla
- 8 uncí smetanového sýra, nakrájeného na kostky
- 2 plechovky (každá 14,5 unce) kuřecí vývar
- Sůl a pepř na dochucení
- 4 šálky vařené, nakrájené kuře
- 4 lžíce česnekového chuťového koření nebo 1 lžička česnekového prášku
- ½ šálku husté smetany

INSTRUKCE:
a) Polévkový hrnec postavte na střední plamen a rozpusťte v něm trochu másla.
b) Jakmile se máslo rozpustí, vmíchejte kuře a pár minut opékejte.
c) Vmíchejte smetanový sýr a koření. Dobře promíchejte.
d) Zalijeme vývarem a smetanou a promícháme.
e) Jakmile se vaří, snižte plamen a vařte asi 5 až 6 minut. Nalijte do polévkových misek a podávejte.

33.Kuřecí křídla

SLOŽENÍ:
- 2 libry kuřecích křídel
- ¼ šálku čerstvě nastrouhaného parmazánu
- ¼ lžičky pepře
- ½ lžičky soli
- ½ lžíce nasekané čerstvé petrželky nebo ½ lžičky sušené petrželky
- 2-3 lžíce másla z trávy

INSTRUKCE:
a) Připravíme si plech tak, že jej vyložíme pečícím papírem. Předehřejte troubu na 350 ° F.
b) Přidejte máslo do mělké misky vhodné do mikrovlnné trouby. Vařte na nejvyšší stupeň 15 - 20 sekund nebo dokud se máslo nerozpustí.
c) Do mísy dejte sůl, pepř, petržel a parmazán a dobře promíchejte.
d) Namočte kuřecí křídla na másle, jedno po druhém. Křídla obalíme ve směsi parmazánu a položíme na plech.
e) Křídla pečte asi 40 - 60 minut nebo dokud nebudou hotová. Nechejte 5 minut vychladnout a podávejte.

34. Jednoduchá kuřecí prsa smažená na pánvi

SLOŽENÍ:
- 8 půlek kuřecích prsou
- ½ lžičky pepře nebo podle chuti
- 4 lžičky strouhaného parmazánu (volitelně)
- ½ lžičky košer soli nebo podle chuti
- ½ lžíce olivového oleje

INSTRUKCE:
a) Příprava kuřete: Na pracovní desku položte list plastové fólie a přidejte kuře. Přikryjte dalším plátem plastové fólie a tlučte paličkou na maso, dokud nebude kuře rovnoměrně zploštělé.
b) Kuře osolíme a opepříme. Necháme 15-20 minut odpočinout.
c) Umístěte litinovou pánev na vysokou teplotu – vložte do ní kuře. Necháme nerušeně vařit 2-3 minuty odkryté do zlatohněda a uvolnění tuku. Otočte strany a vařte další 2-3 minuty. Odstraňte pánev z tepla.
d) Pokud používáte, posypte parmazánem. Nastavte troubu na grilování a předehřejte ji.
e) Vložte pánev do trouby a opékejte, dokud se sýr nerozpustí. Podávejte horké.

35.Křupavá kuřecí stehna

SLOŽENÍ:
- 6 kuřecích stehen s kůží
- 1 lžíce soli
- 2 lžíce avokádového oleje nebo olivového oleje
- Čerstvě mletý pepř podle chuti
- Košer sůl podle chuti
- Česnekový prášek podle chuti
- Paprika podle chuti

INSTRUKCE:
a) Připravíme si plech tak, že jej vyložíme pečícím papírem. Ujistěte se, že je vaše trouba předehřátá na 450 ° F.
b) Kuřecí stehna ochutíme solí, pepřem a preferovaným kořením. Umístěte jej na plech v jedné vrstvě bez překrývání.
c) Kuře pokapeme olejem.
d) Kuře pečte asi 40 minut nebo dokud není kůže křupavá.

36. Kuřecí nugetky pro masožravce

SLOŽENÍ:
KUŘE
- 1 ½ libry mletého kuřete
- ¼ lžičky růžové soli nebo více podle chuti
- 1 malé vejce
- ¼ lžičky sušeného oregana
- 1 lžička papriky
- ¼ lžičky pepře
- ¼ lžičky česnekového prášku
- ¼ lžičky vloček červené papriky

CHLEBENÍ
- ½ šálku strouhaného parmazánu
- ½ šálku mleté vepřové kůže

INSTRUKCE:
a) Připravíme si plech tak, že jej vyložíme listem pečícího papíru.
b) Ujistěte se, že je vaše trouba předehřátá na 400 ° F.
c) Do mísy přidejte sýr a vepřové kůže a dobře promíchejte.
d) Do mísy rozklepněte vejce a smíchejte v něm kuře, sůl a všechno koření.
e) Směs rozdělte na 30 stejných částí a tvarujte jako nugety.
f) Nugety obalte ve směsi kůry a položte na plech.
g) Nugety pečte v troubě asi 20 až 25 minut, nebo dokud nebudou křupavé a zlatavě hnědé.

37. Kouřová slanina masové kuličky

SLOŽENÍ:
- 1 kuřecí prso nebo ½ libry mletého kuřete
- 1 malé vejce
- ½ lžičky cibulového prášku
- 2 lžíce olivového oleje nebo avokádového oleje
- 4 plátky slaniny, vařené, rozdrobené
- 1 stroužek česneku, oloupaný
- 1 kapka tekutého kouře
- Sůl podle chuti

INSTRUKCE:
a) Do mísy kuchyňského robotu přidejte kuřecí maso, vejce, cibulový prášek, slaninu a česnek a dobře zpracujte.
b) Směs rozdělte na malé porce a vytvořte z ní karbanátky. Položte je na talíř.
c) Umístěte pánev na střední plamen. Přidejte olej a nechte zahřát. Přidejte několik masových kuliček a vařte dohněda, občas je otočte.
d) Vyjměte a položte na papírovou utěrku.
e) Zbývající masové kuličky uvařte po dávkách. Navrch posypte solí a podávejte horké.

38.Kuřecí slanina soté

SLOŽENÍ:
- 2 kuřecí prsa, nakrájená na kostičky
- 2 lžíce česnekového prášku
- Sůl podle chuti
- 2 plátky slaniny, nakrájené na kostičky
- 1 lžíce italského koření
- ½ lžíce avokádového oleje

INSTRUKCE:
a) Umístěte velkou pánev na střední plamen. Přidáme slaninu a kuřecí maso a důkladně opečeme.
b) Přidejte česnekový prášek, sůl a italské koření a podávejte.

39. Pepperoni masové kuličky

SLOŽENÍ:
- 2 libry mletého kuřete
- 1 lžička soli nebo podle chuti
- 2 vejce, rozšlehaná
- 1 lžička pepře nebo podle chuti
- ½ libry plátky feferonek, mleté
- Horká omáčka podle chuti (volitelné)

INSTRUKCE:
a) Smíchejte kuře, sůl, vejce, pepř a feferonky v misce.
b) Připravte si plech tak, že jej vyložíte pečicím papírem a předehřejete troubu na 350 ° F.
c) Ze směsi vytvořte 16 kuliček a položte je na plech.
d) Masové kuličky pečte asi 20–30 minut, nebo dokud nebudou hnědé a propečené. Kuličky během pečení dvakrát prohodíme, aby se dobře propekly. Nebo můžete kuličky vařit na pánvi.

40. Kuřecí stehna v parmazánové krustě

SLOŽENÍ:
- 4 kuřecí stehna
- ½ šálku čerstvě nastrouhaného parmazánu
- ¼ lžičky sušeného tymiánu
- ¼ lžičky soli nebo podle chuti
- ½ lžičky česnekového prášku
- 2 lžíce másla, rozpuštěného
- ½ lžíce nasekané petrželky
- ½ lžičky papriky
- ¼ lžičky pepře

INSTRUKCE:
a) Připravte zapékací mísu tak, že ji vymažete máslem - předehřejte troubu na 400 ° F.
b) Do mělké mísy nalijte rozpuštěné máslo.
c) Do mísy dejte sůl, koření, bylinky a parmazán. Dobře promíchejte.
d) Nejprve ponořte kuřecí stehno do mísy s máslem. Vyjměte kuřecí stehna a nechte okapat přebytečné máslo. Poté ji pokapejte parmazánovou směsí a vložte do zapékací mísy.
e) Opakujte předchozí krok a obalte zbývající kuřecí stehna.
f) Pečeme asi 35 - 50 minut, podle velikosti stehen. Podávejte horké.

41. Kuře na česnekovém másle

SLOŽENÍ:
- 4 střední kuřecí prsa, nakrájená vodorovně na 2 poloviny
- 2 lžičky italského koření
- Drcené vločky chilli papričky podle chuti
- 8 stroužků česneku, oloupaných, nasekaných
- 2 lžíce olivového oleje
- Sůl podle chuti
- 4 lžíce másla
- Pepř podle chuti
- ¼ šálku nasekaných lístků koriandru nebo petržele

INSTRUKCE:
a) V misce smíchejte italské koření, drcenou červenou papriku, sůl a pepř.
b) Touto směsí potřete celé kuřecí kousky.
c) Umístěte velkou pánev na středně vysoký plamen. Přidejte olej a počkejte několik minut, než se olej zahřeje.
d) Vložte kuřecí kousky do pánve a opékejte 3 - 4 minuty, spodní strana by měla být dozlatova. Kuřecí kousky otočte a vařte 3-4 minuty.
e) Vyjměte kuře z pánve a položte na talíř.
f) Snižte teplotu na středně nízkou teplotu. Přidejte máslo, česnek, petržel a další drcené vločky červené papriky a dobře promíchejte.
g) Asi po 20 – 30 sekundách přidejte kuře. Na kuře nalijte máslovou omáčku a několik minut vařte, dokud česnek nezíská světle zlatohnědou barvu. Podávejte horké.

42. Kuřecí kousnutí zabalené ve slanině na česneku

SLOŽENÍ:
- ½ velkých kuřecích prsou, nakrájených na kousky
- 1 ½ lžičky česnekového prášku
- 4 – 5 plátků slaniny, nakrájené na třetiny

INSTRUKCE:
a) Připravte si plech tak, že jej vyložíte alobalem.
b) Ujistěte se, že je vaše trouba předehřátá na 400 ° F.
c) Rozetřete česnekový prášek na talíř.
d) Kousky kuřete po jednom otřete v česnekovém prášku a zabalte do kousku slaniny.
e) Položte na plech. Mezi kousnutími nechte mezeru.
f) Vložte plech do trouby a pečte, dokud slanina není křupavá, asi 25 - 30 minut. V polovině pečení sousty obraťte.

43.Kuřecí špízy(kebab)

SLOŽENÍ:

- ½ lžičky mletého česneku
- ¼ lžičky čerstvě mletého pepře
- ½ lžíce extra panenského olivového oleje
- ¾ libry vykostěných kuřecích prsou bez kůže, nakrájené na 1-palcové kousky
- Šťáva z ½ limetky
- ¼ lžičky jemné himalájské soli
- 1 lžička mletého čerstvého oregana nebo ½ lžičky sušeného oregana

INSTRUKCE:

a) Příprava marinády: Do mísy přidejte česnek, oregano, sůl, pepř, limetkovou šťávu a olej a dobře promíchejte.
b) Vezměte skleněnou nádobu s víkem a vložte do ní kuře. Kuřecí maso pokapejte marinádou a dobře promíchejte.
c) Mísu zakryjte víkem a dejte na 2 - 8 hodin do chladničky.
d) Nyní vyjměte misku z lednice a upevněte kuře na špejle. Mezi kusy kuřete nenechávejte velkou mezeru. Držte se blízko sebe.
e) Nastavte gril a předehřejte jej na střední teplotu, asi 330 °F. Nastavte jej na přímé vaření.
f) V případě potřeby namažte grilovací rošty. Špízy položte na gril a grilujte, dokud nejsou dobře hotové.
g) Ihned podávejte.

44.Vafle pro masožravce

SLOŽENÍ:

- 4 unce mletého kuřete nebo mletého krůtího masa
- 5 vajec
- 2 lžíce suchého parmazánu
- 4 unce mletého hovězího masa

INSTRUKCE:

a) Vložte hovězí a kuřecí maso do hrnce a přidejte asi 1-1-½ šálku vody.
b) Umístěte hrnec na středně vysokou teplotu a přiveďte k varu. Trochu snižte teplotu a vařte 5-7 minut. Maso přendejte do cedníku. Necháme 10 minut vychladnout.
c) Mírně vychladlé maso přendejte do misky kuchyňského robotu. Přidejte také vejce a parmazán. Zpracujte, dokud nebude opravdu hladká.
d) Předehřejte vaflovač. Namažte a rozetřete ¼ směsi na železo. Vafle vařte jako byste 5-7 minut nebo dokud nebudou uvařené.
e) Vyjměte vafle a položte na talíř. Nechte pár minut vychladnout a podávejte. Opakujte kroky a připravte další vafle.

45. Hranolky pro masožravce

SLOŽENÍ:
- 8 uncí vařené drůbeže
- 2 vejce
- 0,7 unce vepřové kůže
- ½ lžičky soli

INSTRUKCE:
a) Připravte zapékací mísu tak, že ji vyložíme pečicím papírem. Použijte velký pekáč nebo 2 menší.
b) Do misky kuchyňského robotu přidejte maso, vejce, sůl a vepřové kůry. Zpracovávejte, dokud se dobře nespojí a budou velmi mírně hrubé.
c) Směs nandejte do plastového sáčku. Ustřihněte roh nůžkami.
d) Směs a dýmku vymačkejte na připravenou zapékací mísu o velikosti, kterou preferujete. Mezi hranolky nechte dostatečné mezery. Nyní každý z hranolků lehce zploštte nebo na požadovanou tloušťku. Hranolky pečte asi 20 minut.
e) Nastavte troubu na režim grilování. Grilujte pár minut nebo navrchu dokřupava.
f) Rozdělíme na 2 talíře a podáváme.

46. Grilované kuřecí paličky s česnekovou marinádou

SLOŽENÍ:
- 4 kuřecí paličky
- 5 – 6 stroužků česneku, oloupaných
- ½ lžíce mořské soli
- ¾ šálku olivového oleje
- Šťáva z ½ citronu
- ¼ lžičky pepře

INSTRUKCE:
a) V mixéru smíchejte olej, citronovou šťávu, česnek a koření.
b) Touto směsí potřete kuře a dobře vetřete.
c) Přidejte kuře a dobře promíchejte. Dejte na 2 - 8 hodin do lednice.
d) Kuře grilujeme na předehřátém grilu 6 - 8 minut z každé strany.

47.Kuře Kung Pao

SLOŽENÍ:
- 3 lžičky světlé sójové omáčky
- 2½ lžičky kukuřičného škrobu
- 2 lžičky čínského černého octa
- 1 lžička rýžového vína Shaoxing
- 1 lžička sezamového oleje
- ¾ libry vykostěných kuřecích stehen bez kůže, nakrájené na 1 palec
- 2 lžíce rostlinného oleje
- 6 až 8 celých sušených červených chilli papriček
- 3 jarní cibulky, oddělené bílé a zelené části, nakrájené na tenké plátky
- 2 stroužky česneku, nasekané
- 1 lžička oloupaného mletého čerstvého zázvoru
- ¼ šálku nesolených suchých pražených arašídů

INSTRUKCE:
a) Ve střední misce smíchejte světlou sóju, kukuřičný škrob, černý ocet, rýžové víno a sezamový olej, dokud se kukuřičný škrob nerozpustí. Přidejte kuře a jemně promíchejte, aby se obalilo. Marinujte 10 až 15 minut, nebo dostatek času na přípravu zbytku ingrediencí.

b) Zahřejte wok na středně vysokou teplotu, dokud kapka vody nezasyčí a při kontaktu se neodpaří. Nalijte rostlinný olej a krouživým pohybem potřete základnu woku.

c) Přidejte chilli a za stálého míchání opékejte asi 10 sekund, nebo dokud nezačnou černat a olej lehce voní.

d) Přidejte kuře s marinádou a za stálého míchání opékejte 3 až 4 minuty, až přestane být růžové.

e) Vhoďte bílky, česnek a zázvor a za stálého míchání smažte asi 30 sekund. Zalijeme marinádou a promícháme, aby se kuře obalilo. Vhoďte arašídy a vařte další 2 až 3 minuty, dokud nebude omáčka lesklá.

f) Přendejte na servírovací talíř, ozdobte jarní cibulkou a podávejte horké.

48. Brokolicové kuře

SLOŽENÍ:
- 1 lžíce rýžového vína Shaoxing
- 2 lžičky světlé sójové omáčky
- 1 lžička mletého česneku
- 1 lžička kukuřičného škrobu
- ¼ lžičky cukru
- ¾ libry vykostěných kuřecích stehen bez kůže, nakrájené na 2-palcové kousky
- 2 lžíce rostlinného oleje
- 4 oloupané plátky čerstvého zázvoru, velké asi jako čtvrtina
- Kóšer sůl
- 1 libra brokolice, nakrájená na růžičky velikosti sousta
- 2 lžíce vody
- Vločky červené papriky (volitelné)
- ¼ šálku omáčky z černých fazolí nebo omáčky z černých fazolí

INSTRUKCE:
a) V malé misce smíchejte rýžové víno, světlou sóju, česnek, kukuřičný škrob a cukr. Přidejte kuře a marinujte 10 minut.
b) Zahřejte wok na středně vysokou teplotu, dokud kapka vody nezasyčí a při kontaktu se neodpaří. Nalijte rostlinný olej a krouživým pohybem potřete základnu woku. Přidejte zázvor a špetku soli. Nechte zázvor prskat asi 30 sekund a jemně protřepejte.
c) Přeneste kuře do woku, marinádu vyhoďte. Kuře za stálého míchání opékejte 4 až 5 minut, až přestane být růžové. Přidejte brokolici, vodu a špetku vloček červené papriky (pokud používáte) a za stálého míchání smažte 1 minutu. Zakryjte wok a brokolici vařte v páře 6 až 8 minut, dokud nebude křupavá.
d) Míchejte v omáčku z černých fazolí, dokud se obalí a nezahřeje, asi 2 minuty, nebo dokud omáčka mírně nezhoustne a nebude lesklá.
e) Zázvor vyhoďte, přendejte na talíř a podávejte horké.

49. Kuře s mandarinkovou kůrou

SLOŽENÍ:

- 3 velké bílky
- 2 lžíce kukuřičného škrobu
- 1½ lžíce světlé sójové omáčky, rozdělená
- ¼ lžičky mletého bílého pepře
- ¾ libry vykostěných kuřecích stehen bez kůže, nakrájené na kousky velikosti sousta
- 3 šálky rostlinného oleje
- 4 oloupané plátky čerstvého zázvoru, každý o velikosti asi čtvrtiny
- 1 lžička sečuánského pepře, mírně nalámaného
- Kóšer sůl
- ½ žluté cibule, nakrájené na tenké plátky na ¼ palce široké proužky
- Slupka z 1 mandarinky, nakrájená na ⅛ palce silné proužky
- Šťáva ze 2 mandarinek (asi ½ šálku)
- 2 lžičky sezamového oleje
- ½ lžičky rýžového octa
- Světle hnědý cukr
- 2 jarní cibulky nakrájené na tenké plátky na ozdobu
- 1 lžíce sezamových semínek, na ozdobu

INSTRUKCE:

a) V míse ušlehejte vidličkou nebo šlehačem bílky do pěny a do pěny těsnějších hrudek. Vmíchejte kukuřičný škrob, 2 lžičky světlé sóji a bílý pepř, dokud se dobře nesmíchá. Vložíme kuře a necháme 10 minut marinovat.

b) Nalijte olej do woku; olej by měl být asi 1 až 1½ palce hluboký. Přiveďte olej na 375 ° F na středně vysokou teplotu. Olej má správnou teplotu poznáte, když do oleje ponoříte konec vařečky. Pokud olej kolem něj bublá a prská, je olej hotový.

c) Pomocí děrované lžíce nebo wok skimmeru vyjměte kuře z marinády a setřeste přebytek. Opatrně ponořte do horkého oleje. Smažte kuře po dávkách po dobu 3 až 4 minut, nebo dokud kuře není zlatavě hnědé a na povrchu křupavé. Přeneste na talíř vyložený papírovou utěrkou.

d) Vylijte z woku všechen olej kromě 1 polévkové lžíce a dejte na středně vysokou teplotu. Krouživým pohybem oleje potřete základnu woku. Dochuťte olej přidáním zázvoru, kuliček pepře a špetky soli. Zrnka zázvoru a pepře nechte asi 30 sekund prosychat v oleji a jemně promíchejte.

e) Přidejte cibuli a za stálého míchání opékejte, házejte a obracejte stěrkou wok po dobu 2 až 3 minut, nebo dokud cibule nezměkne a nebude průsvitná. Přidejte mandarinkovou kůru a za stálého míchání smažte další minutu, nebo dokud nebude voňavá.

f) Přidejte mandarinkovou šťávu, sezamový olej, ocet a špetku hnědého cukru. Omáčku přiveďte k varu a vařte asi 6 minut, dokud se nezredukuje na polovinu. Mělo by to být sirupové a velmi pikantní. Ochutnejte a v případě potřeby přidejte špetku soli.

g) Vypněte oheň a přidejte smažené kuře, promíchejte, aby se obalilo omáčkou. Kuře přendejte na talíř, vyhoďte zázvor a ozdobte nakrájenou jarní cibulkou a sezamovými semínky. Podávejte horké.

50.Kešu kuře

SLOŽENÍ:
- 1 lžíce světlé sójové omáčky
- 2 lžičky rýžového vína Shaoxing
- 2 lžičky kukuřičného škrobu
- 1 lžička sezamového oleje
- ½ lžičky mletého sečuánského pepře
- ¾ libry vykostěných kuřecích stehen bez kůže, nakrájené na 1-palcové kostky
- 2 lžíce rostlinného oleje
- ½-palcový kousek oloupaného jemně nasekaného čerstvého zázvoru
- Kóšer sůl
- ½ červené papriky, nakrájené na ½-palcové kousky
- 1 malá cuketa, nakrájená na ½-palcové kousky
- 2 stroužky česneku, nasekané
- ½ šálku nesolených suchých pražených kešu oříšků
- 2 jarní cibulky, oddělené bílé a zelené části, nakrájené na tenké plátky

INSTRUKCE:

a) Ve střední misce smíchejte světlou sóju, rýžové víno, kukuřičný škrob, sezamový olej a sečuánský pepř. Přidejte kuře a jemně promíchejte, aby se obalilo. Necháme marinovat 15 minut nebo dostatečně dlouho na přípravu zbytku ingrediencí.

b) Zahřejte wok na středně vysokou teplotu, dokud kapka vody nezasyčí a při kontaktu se neodpaří. Nalijte rostlinný olej a krouživým pohybem potřete základnu woku. Dochuťte olej přidáním zázvoru a špetkou soli. Zázvor nechte asi 30 sekund prosychat v oleji a jemně promíchejte.

c) Pomocí kleští vyjměte kuře z marinády a přendejte do woku, marinádu si ponechejte. Kuře za stálého míchání opékejte 4 až 5 minut, až přestane být růžové. Přidejte červenou papriku, cuketu a česnek a za stálého míchání opékejte 2 až 3 minuty, nebo dokud zelenina nezměkne.

d) Nalijte marinádu a promíchejte, aby se obalily ostatní ingredience. Marinádu přiveďte k varu a dále 1 až 2 minuty opékejte, dokud omáčka nezhoustne a nebude lesklá. Vmíchejte kešu oříšky a vařte další minutu.

e) Přendejte na servírovací talíř, ozdobte jarní cibulkou a podávejte horké.

51. Kuřecí maso a zelenina s omáčkou z černých fazolí

SLOŽENÍ:

- 1 lžíce světlé sójové omáčky
- 1 lžička sezamového oleje
- 1 lžička kukuřičného škrobu
- ¾ libry vykostěných kuřecích stehen bez kůže, nakrájené na kousky velikosti sousta
- 3 lžíce rostlinného oleje, rozdělené
- 1 oloupaný plátek čerstvého zázvoru, velký asi jako čtvrtina
- Kóšer sůl
- 1 malá žlutá cibule, nakrájená na kousky
- ½ červené papriky, nakrájené na malé kousky
- ½ žluté nebo zelené papriky nakrájené na kousky
- 3 stroužky česneku, nakrájené
- ⅓ šálku omáčky z černých fazolí nebo omáčky z černých fazolí

INSTRUKCE:

a) Ve velké míse smíchejte světlý sojový olej, sezamový olej a kukuřičný škrob, dokud se kukuřičný škrob nerozpustí. Přidejte kuře a promíchejte, aby se obalilo v marinádě. Kuře dejte na 10 minut marinovat.

b) Zahřejte wok na středně vysokou teplotu, dokud kapka vody nezasyčí a při kontaktu se neodpaří. Nalijte 2 lžíce rostlinného oleje a krouživým pohybem potřete základnu woku. Dochuťte olej přidáním zázvoru a špetkou soli. Zázvor nechte asi 30 sekund prosychat v oleji a jemně promíchejte.

c) Kuře přendejte do woku a marinádu zlikvidujte. Kousky necháme 2 až 3 minuty opékat ve woku. Překlopte a opékejte na druhé straně ještě 1 až 2 minuty. Za stálého míchání smažte rychlým přehazováním a převracením ve woku ještě 1 minutu. Přendejte do čisté misky.

d) Přidejte zbývající 1 lžíci oleje a vhoďte cibuli a papriku. Rychle smažte 2 až 3 minuty, házejte a obracejte zeleninu stěrkou wok, dokud cibule nevypadá jako průsvitná, ale stále má pevnou strukturu. Přidejte česnek a za stálého míchání opékejte dalších 30 sekund.

e) Vraťte kuře do woku a přidejte omáčku z černých fazolí. Házejte a obracejte, dokud nebude kuře a zelenina obalená.

f) Přendejte na talíř, zázvor vyhoďte a podávejte horké.

52.Kuře na zelených fazolích

SLOŽENÍ:

- ¾ libry vykostěných kuřecích stehen bez kůže, nakrájené přes zrno na proužky velikosti sousta
- 3 lžíce rýžového vína Shaoxing, rozdělené
- 2 lžičky kukuřičného škrobu
- Kóšer sůl
- Vločky červené papriky
- 3 lžíce rostlinného oleje, rozdělené
- 4 oloupané plátky čerstvého zázvoru, každý o velikosti asi čtvrtiny
- ¾ libry zelených fazolí, oříznutých a rozpůlených příčně diagonálně
- 2 lžíce světlé sójové omáčky
- 1 lžíce kořeněného rýžového octa
- ¼ šálku loupaných mandlí, opražených
- 2 lžičky sezamového oleje

INSTRUKCE:

a) V míse smíchejte kuře s 1 lžící rýžového vína, kukuřičným škrobem, malou špetkou soli a špetkou vloček červené papriky. Míchejte, aby se kuře rovnoměrně obalilo. Marinujte 10 minut.

b) Zahřejte wok na středně vysokou teplotu, dokud kapka vody nezasyčí a při kontaktu se neodpaří. Nalijte 2 lžíce rostlinného oleje a krouživým pohybem potřete základnu woku. Dochuťte olej přidáním zázvoru a špetkou soli. Zázvor nechte asi 30 sekund prosychat v oleji a jemně promíchejte.

c) Přidejte kuře s marinádou do woku a za stálého míchání opékejte 3 až 4 minuty, nebo dokud není kuře lehce propečené a již není růžové. Přendejte do čisté misky a dejte stranou.

d) Přidejte zbývající 1 lžíci rostlinného oleje a za stálého míchání smažte zelené fazolky po dobu 2 až 3 minut, nebo dokud nebudou jasně zelené. Vraťte kuře do woku a promíchejte. Přidejte zbývající 2 lžíce rýžového vína, světlou sóju a ocet. Promíchejte a obalte a nechte zelené fazolky vařit další 3 minuty, nebo dokud nejsou zelené. Odstraňte zázvor a vyhoďte.

e) Vhoďte mandle a přendejte na talíř. Pokapeme sezamovým olejem a podáváme horké.

53. Kuře v sezamové omáčce

SLOŽENÍ:

- 3 velké bílky
- 3 lžíce kukuřičného škrobu, rozdělené
- 1½ lžíce světlé sójové omáčky, rozdělená
- 1 libra vykostěných kuřecích stehen bez kůže, nakrájená na kousky velikosti sousta
- 3 šálky rostlinného oleje
- 3 oloupané plátky čerstvého zázvoru, každý o velikosti asi čtvrtiny
- Kóšer sůl
- Vločky červené papriky
- 3 stroužky česneku, nahrubo nasekané
- ¼ šálku kuřecího vývaru s nízkým obsahem sodíku
- 2 lžíce sezamového oleje
- 2 jarní cibulky nakrájené na tenké plátky na ozdobu
- 1 lžíce sezamových semínek, na ozdobu

INSTRUKCE:

a) V míse ušlehejte vidličkou nebo šlehačem bílky do pěny a těsnější hrudky bílku zpěněné. Smíchejte 2 polévkové lžíce kukuřičného škrobu a 2 čajové lžičky světlé sóji, dokud se dobře nespojí. Vložíme kuře a necháme 10 minut marinovat.

b) Nalijte olej do woku; olej by měl být asi 1 až 1½ palce hluboký. Přiveďte olej na 375 ° F na středně vysokou teplotu. Olej má správnou teplotu poznáte, když do oleje ponoříte konec vařečky. Pokud olej kolem něj bublá a prská, je olej hotový.

c) Pomocí děrované lžíce nebo wok skimmeru vyjměte kuře z marinády a setřeste přebytek. Opatrně ponořte do horkého oleje. Smažte kuře po dávkách po dobu 3 až 4 minut, nebo dokud kuře není zlatavě hnědé a na povrchu křupavé. Přeneste na talíř vyložený papírovou utěrkou.

d) Vylijte z woku všechen olej kromě 1 polévkové lžíce a dejte na středně vysokou teplotu. Kroužívým pohybem oleje potřete základnu woku. Dochuťte olej přidáním zázvoru a špetkou soli a vloček červené papriky. Vločky zázvoru a pepře nechte asi 30 sekund prosychat v oleji a jemně promíchejte.

e) Přidejte česnek a za stálého míchání opékejte, prohazujte a převracejte stěrkou wok po dobu 30 sekund. Vmíchejte kuřecí vývar, zbývající 2½ lžičky světlé sóji a zbývající 1 polévkovou lžíci kukuřičného škrobu. Vařte 4 až 5 minut, dokud omáčka nezhoustne a nebude lesklá. Přidejte sezamový olej a míchejte, aby se spojil.

f) Vypněte oheň a přidejte smažené kuře, promíchejte, aby se obalilo omáčkou. Odstraňte zázvor a vyhoďte. Přendejte na talíř a ozdobte nakrájenou jarní cibulkou a sezamovými semínky.

54.Sladké a kyselé kuře

SLOŽENÍ:

- 2 lžičky kukuřičného škrobu
- 2 lžíce vody
- 3 lžíce rostlinného oleje, rozdělené
- 4 oloupané plátky čerstvého zázvoru, každý o velikosti asi čtvrtiny
- Kóšer sůl
- ¾ libry vykostěných kuřecích stehen bez kůže, nakrájené na kousky velikosti sousta
- ½ červené papriky, nakrájené na ½-palcové kousky
- ½ zelené papriky, nakrájené na ½-palcové kousky
- ½ žluté cibule, nakrájené na ½-palcové kousky
- 1 (8 uncí) konzervy kousky ananasu, scezené, šťávy vyhrazeny
- 1 (4 unce) plechovka nakrájených vodních kaštanů, okapaných
- ¼ šálku kuřecího vývaru s nízkým obsahem sodíku
- 2 lžíce světle hnědého cukru
- 2 lžíce jablečného octa
- 2 lžíce kečupu
- 1 lžička worcesterské omáčky
- 3 jarní cibulky, nakrájené na tenké plátky, na ozdobu

INSTRUKCE:

a) V malé misce smíchejte kukuřičný škrob a vodu a dejte stranou.

b) Zahřejte wok na středně vysokou teplotu, dokud kapka vody nezasyčí a při kontaktu se neodpaří. Nalijte 2 lžíce oleje a krouživým pohybem potřete základnu woku. Dochuťte olej přidáním zázvoru a špetkou soli. Zázvor nechte asi 30 sekund prosychat v oleji a jemně promíchejte.

c) Přidejte kuře a opékejte na woku 2 až 3 minuty. Kuře otočte a vhoďte, za stálého míchání opékejte ještě asi 1 minutu, nebo dokud přestane být růžové. Přendejte do misky a dejte stranou.

d) Přidejte zbývající 1 lžíci oleje a krouživým pohybem potřete. Za stálého míchání smažte červenou a zelenou papriku a cibuli po dobu 3 až 4 minut, dokud nebudou měkké a průsvitné. Přidejte ananas a vodní kaštany a pokračujte ve smažení další minutu. Zeleninu přidáme ke kuřeti a dáme stranou.

e) Do woku nalijte odloženou ananasovou šťávu, kuřecí vývar, hnědý cukr, ocet, kečup a worcesterskou omáčku a přiveďte k varu. Udržujte oheň na středním až vysokém stupni a vařte asi 4 minuty, dokud se tekutina nezredukuje na polovinu.

f) Vraťte kuře a zeleninu do woku a promíchejte, aby se spojily s omáčkou. Směs kukuřičného škrobu a vody rychle promíchejte a přidejte do woku. Vše promíchejte a otočte, dokud kukuřičný škrob nezačne omáčka houstnout a stát se lesklou.

g) Zázvor vyhoďte, přendejte na talíř, ozdobte jarní cibulkou a podávejte horké.

55. Moo Goo Gai Pan

SLOŽENÍ:

- 1 lžíce světlé sójové omáčky
- 1 lžíce rýžového vína Shaoxing
- 2 lžičky sezamového oleje
- ¾ libry vykostěných kuřecích prsou bez kůže, nakrájených na tenké proužky
- ½ šálku kuřecího vývaru s nízkým obsahem sodíku
- 2 lžíce ústřicové omáčky
- 1 lžička cukru
- 1 lžíce kukuřičného škrobu
- 3 lžíce rostlinného oleje, rozdělené
- 4 oloupané plátky čerstvého zázvoru, každý o velikosti asi čtvrtiny
- Kóšer sůl
- 4 unce čerstvých žampionů, nakrájené na tenké plátky
- 1 (4 unce) plechovka nakrájené bambusové výhonky, okapané
- 1 (4 unce) plechovka nakrájených vodních kaštanů, okapaných
- 1 stroužek česneku, jemně nasekaný

INSTRUKCE:

a) Ve velké míse šlehejte dohromady světlou sóju, rýžové víno a sezamový olej, dokud nebude hladká. Přidejte kuře a promíchejte, aby se obalil. Marinujte 15 minut.

b) V malé misce prošlehejte kuřecí vývar, ústřicovou omáčku, cukr a kukuřičný škrob do hladka a odstavte.

c) Zahřejte wok na středně vysokou teplotu, dokud kapka vody nezasyčí a při kontaktu se neodpaří. Nalijte 2 lžíce rostlinného oleje a krouživým pohybem potřete základnu woku. Dochuťte olej přidáním zázvoru a špetkou soli. Zázvor nechte asi 30 sekund prosychat v oleji a jemně promíchejte.

d) Přidejte kuře a vylijte marinádu. Za stálého míchání opékejte 2 až 3 minuty, dokud kuře přestane být růžové. Přendejte do čisté misky a dejte stranou.

e) Přidejte zbývající 1 polévkovou lžíci rostlinného oleje. Houby opékejte 3 až 4 minuty, rychle prohazujte a obracejte. Jakmile houby oschnou, zastavte smažení a nechte houby asi minutu sedět na horkém woku. Znovu prohoďte a pak znovu odpočívejte další minutu.

f) Přidejte bambusové výhonky, vodní kaštany a česnek. Za stálého míchání opékejte 1 minutu, nebo dokud česnek nezavoní. Vraťte kuře do woku a promíchejte, aby se spojilo.

g) Omáčku promícháme a přidáme do woku. Za stálého míchání smažte a vařte, dokud se omáčka nezačne vařit, asi 45 sekund. Pokračujte v házení a převracení, dokud omáčka nezhoustne a nebude lesklá. Odstraňte zázvor a vyhoďte. Přendejte na talíř a horké podávejte.

56.Vejce Foo Yong

SLOŽENÍ:
- 5 velkých vajec, pokojové teploty
- Kóšer sůl
- Mletý bílý pepř
- ½ šálku kloboučků hub shiitake nakrájených na tenké plátky
- ½ šálku mraženého hrášku, rozmraženého
- 2 jarní cibulky, nakrájené
- 2 lžičky sezamového oleje
- ½ šálku kuřecího vývaru s nízkým obsahem sodíku
- 1½ lžíce ústřicové omáčky
- 1 lžíce rýžového vína Shaoxing
- ½ lžičky cukru
- 2 lžíce světlé sójové omáčky
- 1 lžíce kukuřičného škrobu
- 3 lžíce rostlinného oleje
- Vařená rýže, k podávání

INSTRUKCE:
a) Ve velké míse rozšlehejte vejce se špetkou soli a bílého pepře. Vmíchejte houby, hrášek, jarní cibulku a sezamový olej. Dát stranou.

b) Připravte omáčku tak, že v malém hrnci na středním plameni povaříte kuřecí vývar, ústřicovou omáčku, rýžové víno a cukr. V malé skleněné odměrce šlehejte světlou sóju a kukuřičný škrob, dokud se kukuřičný škrob úplně nerozpustí. Do omáčky za stálého šlehání vlijte směs kukuřičného škrobu a vařte 3 až 4 minuty, dokud omáčka nezhoustne, aby pokryla zadní stranu lžíce. Přikryjte a dejte stranou.

c) Zahřejte wok na středně vysokou teplotu, dokud kapka vody nezasyčí a při kontaktu se neodpaří. Nalijte rostlinný olej a krouživým pohybem potřete základnu woku. Přidejte vaječnou směs a vařte, krouživým pohybem a třepáním wok, dokud spodní strana nezezlátne. Vysuňte omeletu z pánve na talíř a obraťte na wok nebo otočte stěrkou, aby se opékala z druhé strany dozlatova. Vysuňte omeletu na servírovací talíř a podávejte s vařenou rýží se lžící omáčky.

57.Smažená rajčata vejce

SLOŽENÍ:
- 4 velká vejce, pokojové teploty
- 1 lžička rýžového vína Shaoxing
- ½ lžičky sezamového oleje
- ½ lžičky košer soli
- Čerstvě mletý černý pepř
- 3 lžíce rostlinného oleje, rozdělené
- 2 oloupané plátky čerstvého zázvoru, každý o velikosti asi čtvrtiny
- 1 libra hroznových nebo cherry rajčat
- 1 lžička cukru
- Vařená rýže nebo nudle k podávání

INSTRUKCE:
a) Ve velké míse rozšlehejte vejce. Přidejte rýžové víno, sezamový olej, sůl a špetku pepře a pokračujte ve šlehání, dokud se nespojí.

b) Zahřejte wok na středně vysokou teplotu, dokud kapka vody nezasyčí a při kontaktu se neodpaří. Nalijte 2 lžíce rostlinného oleje a krouživým pohybem potřete základnu woku. Vaječnou směs vmíchejte do horkého woku. Vejce protřepejte a vařte. Přendejte vejce na servírovací talíř, když jsou právě uvařená, ale ne suchá. Stan s fólií pro udržení tepla.

c) Přidejte zbývající 1 polévkovou lžíci rostlinného oleje do woku. Dochuťte olej přidáním zázvoru a špetkou soli. Zázvor nechte asi 30 sekund prosychat v oleji a jemně promíchejte.

d) Vhoďte rajčata a cukr, míchejte, aby se obalila olejem. Zakryjte a za občasného míchání vařte asi 5 minut, dokud rajčata nezměknou a nepustí šťávu. Plátky zázvoru vyhoďte a rajčata dochuťte solí a pepřem.

e) Nakrájejte rajčata na vejce a podávejte s vařenou rýží nebo nudlemi.

58. Krevety a míchaná vejce

SLOŽENÍ:
- 2 polévkové lžíce košer soli a další na dochucení
- 2 lžíce cukru
- 2 šálky studené vody
- 6 uncí střední krevety (U41–50), oloupané a zbavené
- 4 velká vejce, pokojové teploty
- ½ lžičky sezamového oleje
- Čerstvě mletý černý pepř
- 2 lžíce rostlinného oleje, rozdělené
- 2 oloupané plátky čerstvého zázvoru, každý o velikosti asi čtvrtiny
- 2 stroužky česneku, nakrájené na tenké plátky
- 1 svazek pažitky, nakrájený na ½-palcové kousky

INSTRUKCE:
a) Ve velké míse zašleháme sůl a cukr do vody, dokud se nerozpustí. Přidejte krevety do nálevu. Přikryjte a dejte na 10 minut do lednice.

b) Krevety sceďte v cedníku a opláchněte. Solný roztok zlikvidujte. Krevety rozložte na plech vyložený papírovou utěrkou a osušte.

c) V další velké míse rozšlehejte vejce se sezamovým olejem a špetkou soli a pepře, dokud se nespojí. Dát stranou.

d) Zahřejte wok na středně vysokou teplotu, dokud kapka vody nezasyčí a při kontaktu se neodpaří. Nalijte 1 lžíci rostlinného oleje a krouživým pohybem potřete základnu woku. Dochuťte olej přidáním zázvoru a špetkou soli. Zázvor nechte asi 30 sekund prosychat v oleji a jemně promíchejte.

e) Přidejte česnek a za stálého míchání krátce orestujte, aby olej ochutil, asi 10 sekund. Nenechte česnek zhnědnout nebo spálit. Přidejte krevety a za stálého míchání opékejte asi 2 minuty, dokud nezrůžoví. Přendejte na talíř a zázvor vyhoďte.

f) Vraťte wok na oheň a přidejte zbývající 1 lžíci rostlinného oleje. Když je olej horký, vmíchejte do woku vaječnou směs. Vejce protřepejte a vařte. Přidejte do pánve pažitku a pokračujte ve vaření, dokud nejsou vejce uvařená, ale ne suchá.

g) Vraťte krevety do pánve a promíchejte, aby se spojily. Přeneste na servírovací talíř.

59. Slaný vaječný pudink na páře

SLOŽENÍ:
- 4 velká vejce, pokojové teploty
- 1¾ šálků kuřecího vývaru s nízkým obsahem sodíku nebo filtrované vody
- 2 lžičky rýžového vína Shaoxing
- ½ lžičky košer soli
- 2 jarní cibulky, pouze zelená část, nakrájené na tenké plátky
- 4 lžičky sezamového oleje

INSTRUKCE:
a) Ve velké míse rozšlehejte vejce. Přidejte vývar a rýžové víno a promíchejte, aby se spojily. Vaječnou směs přeceďte přes jemné síto nastavené přes odměrku na tekutiny, abyste odstranili vzduchové bubliny. Nalijte vaječnou směs do 4 (6 uncí) ramekinů. Nakrájecím nožem vytvořte bublinky na povrchu vaječné směsi. Zakryjte ramekiny hliníkovou fólií.

b) Opláchněte bambusový napařovací koš a jeho víko pod studenou vodou a vložte je do woku. Nalijte 2 palce vody nebo dokud nepřesáhne spodní okraj napařovače o ¼ až ½ palce, ale ne tolik, aby se dotýkala dna koše. Vložte ramekiny do parního koše. Zakryjte víkem.

c) Přiveďte vodu k varu a poté snižte plamen na mírný plamen. Vařte na mírném ohni asi 10 minut nebo dokud vejce neztuhnou.

d) Opatrně vyjměte ramekiny z paráku a ozdobte každý pudink několika jarními cibulkami a několika kapkami sezamového oleje. Ihned podávejte.

60.Čínská vytahovací smažená kuřecí křidélka

SLOŽENÍ:
- 10 celých kuřecích křídel, omyjte a osušte
- 1/8 lžičky černého pepře
- 1/4 lžičky bílého pepře
- ¼ lžičky česnekového prášku
- 1 lžička soli
- ½ lžičky cukru
- 1 lžíce sójové omáčky
- 1 lžíce vína Shaoxing
- 1 lžička sezamového oleje
- 1 vejce
- 1 lžíce kukuřičného škrobu
- 2 lžíce mouky
- olej, na smažení

INSTRUKCE:
a) Smíchejte všechny ingredience (samozřejmě kromě oleje na smažení) ve velké míse. Vše mícháme, dokud nejsou křídla dobře obalená.
b) Pro dosažení nejlepších výsledků nechte křídla 2 hodiny marinovat při pokojové teplotě nebo přes noc v lednici. (Pokud křidélka chladíte, nezapomeňte je před vařením nechat znovu ohřát na pokojovou teplotu).
c) Po marinování, pokud to vypadá, že je v křídlech tekutina, nezapomeňte je znovu důkladně promíchat. Křídla by měla být dobře potažena tenkým povlakem podobným těstu. Pokud se vám to stále zdá příliš vodnaté, přidejte ještě trochu kukuřičného škrobu a mouky.
d) Naplňte střední hrnec asi do 2/3 olejem a zahřejte ho na 325 stupňů F.
e) Smažte křídla po malých dávkách po dobu 5 minut a vyjměte je na plech vyložený papírovými utěrkami. Poté, co jsou všechna křídla usmažená, vraťte je po dávkách do oleje a znovu smažte 3 minuty.
f) Nechte okapat na papírových utěrkách nebo chladicím stojanu a podávejte s horkou omáčkou!

61. Thajské bazalkové kuře

SLOŽENÍ:
- 3 až 4 lžíce oleje
- 3 thajské ptačí nebo holandské chilli papričky nakrájené na tenké plátky
- 3 šalotky, nakrájené na tenké plátky
- 5 stroužků česneku, nakrájených na plátky
- 1 libra mletého kuřete
- 2 lžičky cukru nebo medu
- 2 lžíce sójové omáčky
- 1 lžíce rybí omáčky
- ⅓ šálku kuřecího vývaru nebo vody s nízkým obsahem sodíku
- 1 svazek bazalky posvátné nebo lístků thajské bazalky

INSTRUKCE:
a) Ve woku na vysokou teplotu přidejte olej, chilli, šalotku a česnek a opékejte 1–2 minuty.
b) Přidejte mleté kuře a za stálého míchání opékejte 2 minuty, kuře naporcujte na malé kousky.
c) Přidejte cukr, sójovou omáčku a rybí omáčku. Za stálého míchání opékejte další minutu a pánev odkryjte vývarem. Protože je vaše pánev na vysoké teplotě, tekutina by se měla velmi rychle uvařit.
d) Přidejte bazalku a za stálého míchání smažte, dokud nezvadne.
e) Podávejte s rýží.

RYBY A MOŘSKÉ PLODY

62. Lososa a smetanový sýr

SLOŽENÍ:
- 3 střední vejce
- ¼ lžičky soli nebo podle chuti
- ½ lžičky sušeného kopru
- 0,88 unce čerstvého nebo uzeného lososa, nakrájeného
- ½ šálku smetany
- 0,88 unce strouhaného parmazánu
- 0,88 unce smetanového sýra, nakrájeného na kostičky

INSTRUKCE:
a) Vymažte 18 jamek mini formy na muffiny trochou tuku.
b) Ujistěte se, že je vaše trouba předehřátá na 360 ° F.
c) Do mísy přidejte vejce a dobře prošlehejte. Přidejte sůl a smetanu a dobře prošlehejte.
d) Přidejte parmazán, smetanový sýr a kopr a promíchejte.
e) Vaječnou směs rozdělte do 18 jamek mini formy na muffiny.
f) Do každé jamky vložte alespoň 1 - 2 kusy lososa.
g) Vložte mini formu na muffiny do trouby a pečte asi 12 - 15 minut nebo dokud neztuhnou.
h) Vychlaďte mini muffiny na pracovní desce.
i) Vyjměte je z formiček a podávejte.

63. Pečené rybí filé

SLOŽENÍ:

- 2 lžíce másla, rozpuštěného
- Špetka mleté papriky
- 3 rybí filé (5 uncí)
- Pepř podle chuti
- 1 lžíce citronové šťávy
- ½ lžičky soli

INSTRUKCE:

a) Ujistěte se, že je vaše trouba předehřátá na 350 ° F.
b) Připravte si pekáč tak, že ho vymažete trochou tuku.
c) Filety posypte solí a pepřem a vložte je do pánve.
d) Do mísy přidejte máslo, papriku a citronovou šťávu a promíchejte. Touto směsí potřete filety.
e) Pekáč vložíme do trouby a filety pečeme 15–25 minut, dokud se ryba po propíchnutí vidličkou snadno neloupe.

64. Lososové dorty

SLOŽENÍ:

- 2 konzervy lososa (každá 14,75 unce), okapané
- 8 lžic kolagenu
- 2 šálky strouhaného sýra mozzarella
- 1 lžička cibulového prášku
- 4 velká pastovaná vejce
- 4 lžičky sušeného kopru
- 1 lžička růžové mořské soli nebo podle chuti
- 4 lžíce tuku ze slaniny

INSTRUKCE:

a) Do mísy přidejte lososa, kolagen, mozzarellu, cibulový prášek, vejce, kopr a sůl a dobře promíchejte.
b) Ze směsi vytvořte 8 placiček.
c) Umístěte velkou pánev na středně nízký plamen s tukem ze slaniny. Jakmile je tuk dobře rozehřátý, vložte koláčky s lososem na pánev a vařte, dokud nebudou ze všech stran zlatavě hnědé.
d) Sundejte pánev z ohně a placičky nechte 5 minut ve vypečeném tuku. Sloužit.

65. Grilovaný split humr

SLOŽENÍ:
- 4 lžíce olivového oleje nebo rozpuštěného másla
- Košer sůl podle chuti
- 4 živé humry (každý 1 ½ libry)
- Čerstvě mletý pepř podle chuti
- Rozpuštěné máslo k podávání
- Pikantní omáčkou
- Podáváme plátky citronu

INSTRUKCE:
a) Vložte živé humry na 15 minut do mrazáku.
b) Umístěte je na prkénko břichem dolů na prkénko. Držte ocas. Humry podélně rozpůlíme. Začněte od bodu, kde se ocas připojuje k tělu a jděte nahoru k hlavě. Otočte strany a podélně rozřízněte přes ocas.
c) Nakrájenou část potřeme rozpuštěným máslem, ihned po rozkrojení. Posypte solí a pepřem.
d) Nastavte gril a předehřejte jej na vysokou teplotu po dobu 5–10 minut. Vyčistěte grilovací rošt a snižte teplotu na nízkou teplotu.
e) Položte humry na gril a zatlačte na drápky na grilu, dokud nebudou uvařené – grilujte 6–8 minut.
f) Obraťte strany a vařte, dokud nebude propečený a lehce zuhelnatělý.
g) Přeneste na talíř. Navrch pokapejte rozpuštěným máslem a podávejte.

66. Vývar z rybích kostí

SLOŽENÍ:

- 2 libry rybí hlavy nebo jatečně upraveného těla
- Sůl podle chuti
- 7 – 8 litrů vody + navíc k blanšírování
- 2palcový zázvor, nakrájený na plátky
- 2 lžíce citronové šťávy

INSTRUKCE:

a) Blanšírování ryby: Do velkého hrnce přidejte vodu a rybí hlavy. Umístěte hrnec na vysokou teplotu.
b) Když se vaří, vypněte teplo a vylijte vodu.
c) Vložte rybu zpět do hrnce. Nalijte 7-8 litrů vody.
d) Umístěte hrnec na vysokou teplotu. Přidejte zázvor, sůl a citronovou šťávu.
e) Když se směs vaří, snižte plamen a přikryjte pokličkou. Vařte 4 hodiny.
f) Odstraňte z tepla. Když vychladne, sceďte do velké sklenice s drátěným sítkem.
g) Dejte na 5-6 dní do lednice. Nepoužitý vývar lze zmrazit.

67. Krevety s česnekovým máslem

SLOŽENÍ:
- 1 šálek nesoleného másla, rozdělený
- Košer sůl podle chuti
- ½ šálku kuřecího vývaru
- Čerstvě mletý pepř podle chuti
- ¼ šálku nasekané čerstvé petrželové natě
- 3 libry střední krevety, oloupané, zbavené žilek
- 10 stroužků česneku, oloupaných, nasekaných
- Šťáva ze 2 citronů

INSTRUKCE:
a) Do velké pánve přidejte 4 lžíce másla a pánev dejte na středně vysoký plamen. Jakmile se máslo rozpustí, vmíchejte sůl, krevety a pepř a vařte 2-3 minuty. Každou minutu promíchejte. Krevety vyjměte děrovanou lžící a položte na talíř.
b) Do hrnce přidejte česnek a vařte, dokud nezískáte příjemnou vůni. Zalijte citronovou šťávou a vývarem a promíchejte.
c) Jakmile dojde k varu, snižte teplotu a vařte, dokud se vývar nesníží na polovinu původního množství.
d) Přidejte zbytek másla, pokaždé lžíci a míchejte, dokud se pokaždé nerozpustí.
e) Přidejte krevety a lehce míchejte, dokud se dobře nepokryjí.
f) Navrch posypeme petrželkou a podáváme.

68. Grilované krevety

SLOŽENÍ:
KOŘENÍ KRETET
- 2 lžičky česnekového prášku
- 2 lžičky italského koření
- 2 lžičky košer soli
- ½ - 1 lžička kajenského pepře

GRILOVÁNÍ
- 4 lžíce extra panenského olivového oleje
- 2 kilové krevety, oloupané, zbavené žilek
- 2 lžíce čerstvé citronové šťávy
- Olej na namazání grilu nastrouhaný

INSTRUKCE:
a) V případě, že ho pečete v troubě, připravte si plech tak, že jej vyložíte alobalem a alobal také vymažete tukem.
b) Do velké mísy přidejte česnekový prášek, kajenský pepř, sůl a italské koření a dobře promíchejte.
c) Přidejte citronovou šťávu a olej a dobře promíchejte.
d) Vmícháme krevety. Ujistěte se, že jsou krevety dobře potažené směsí.
e) Namažte grilovací rošty trochou oleje. Krevety grilujte nebo opékejte v troubě, dokud nezrůžoví. Na každou stranu by to mělo trvat 2-3 minuty.

69. Smažená treska s česnekovým ghí

SLOŽENÍ:
- 2 filety z tresky (každý 4,8 unce)
- 3 stroužky česneku, oloupané, nasekané
- Sůl podle chuti
- 1 ½ lžíce ghí
- ½ lžíce česnekového prášku (volitelně)

INSTRUKCE:
a) Umístěte pánev na středně vysoký plamen. Přidejte ghí.
b) Jakmile se ghí rozpustí, vmíchejte polovinu česneku a vařte asi 6 – 10 sekund.
c) Přidejte filety a dochuťte česnekovým práškem a solí.
d) Brzy se barva ryb změní na absolutně bílou. Tato barva by měla být viditelná zhruba do poloviny výšky ryby.
e) Rybu otočte a vařte, přidejte zbývající česnek.
f) Když celý filet zbělá, vyjměte ho z pánve a podávejte.

70.Sůl a pepř krevety

SLOŽENÍ:

- 1 lžíce košer soli
- 1½ lžičky sečuánského pepře
- 1½ libry velké krevety (U31–35), oloupané a zbavené, ocasy ponechány
- ½ šálku rostlinného oleje
- 1 šálek kukuřičného škrobu
- 4 jarní cibulky, nakrájené diagonálně
- 1 paprička jalapeño, rozpůlená a zbavená semínek, nakrájená na tenké plátky
- 6 stroužků česneku, nakrájených na tenké plátky

INSTRUKCE:

a) V malé pánvi nebo pánvi na středním plameni opečte sůl a pepř, dokud nebudou aromatické, často protřepávejte a míchejte, aby se nepřipálily. Přendejte do misky, aby úplně vychladla. Sůl a pepř společně rozdrťte v mlýnku na koření nebo v hmoždíři. Přendejte do misky a dejte stranou.

b) Osušte krevety papírovou utěrkou.

c) Ve woku zahřejte olej na středně vysokou teplotu na 375 °F, nebo dokud nebude bublat a syčet kolem konce dřevěné lžíce.

d) Vložte kukuřičný škrob do velké mísy. Těsně předtím, než budete připraveni smažit krevety, vhoďte polovinu krevet, aby se obalily v kukuřičném škrobu a setřeste přebytečný kukuřičný škrob.

e) Smažte krevety 1 až 2 minuty, dokud nezrůžoví. Pomocí wok skimmeru přemístěte smažené krevety na mřížku nastavenou na plech, aby odkapaly. Opakujte proces se zbývajícími krevetami, přidejte kukuřičný škrob, osmahněte a přeneste na mřížku, aby odkapaly.

f) Jakmile jsou všechny krevety uvařené, opatrně odstraňte všechny kromě 2 polévkových lžic oleje a vraťte wok na střední teplotu. Přidejte jarní cibulku, jalapeño a česnek a za stálého míchání opékejte, dokud se jarní cibulka a jalapeño nezbarví jasně do zelena a česnek je aromatický. Vraťte krevety do woku, dochuťte směsí soli a pepře (nemusíte použít všechny) a promíchejte, aby se obalily. Přeneste krevety na talíř a podávejte horké.

71. Opilé krevety

SLOŽENÍ:
- 2 šálky rýžového vína Shaoxing
- 4 oloupané plátky čerstvého zázvoru, každý o velikosti asi čtvrtiny
- 2 lžíce sušených plodů goji (volitelně)
- 2 lžičky cukru
- 1librové krevety jumbo (U21–25), oloupané a zbavené, ocasy ponechány
- 2 lžíce rostlinného oleje
- Kóšer sůl
- 2 lžičky kukuřičného škrobu

INSTRUKCE:
a) V široké míse míchejte rýžové víno, zázvor, goji bobule (pokud používáte) a cukr, dokud se cukr nerozpustí. Přidejte krevety a přikryjte. Marinujte v lednici 20 až 30 minut.
b) Nalijte krevety a marinádu do cedníku umístěného nad miskou. Rezervujte si ½ šálku marinády a zbytek vyhoďte.
c) Zahřejte wok na středně vysokou teplotu, dokud kapka vody nezasyčí a při kontaktu se neodpaří. Nalijte olej a krouživým pohybem potřete základnu woku. Dochuťte olejem přidáním malé špetky soli a jemně promíchejte.
d) Přidejte krevety a zprudka je opékejte se špetkou soli a házejte krevety do woku. Pohybujte krevetami asi 3 minuty, dokud nezrůžoví.
e) Do odložené marinády vmícháme kukuřičný škrob a nalijeme na krevety. Přihodíme krevety a potřeme marinádou. Jakmile se začne vařit, zhoustne do lesklé omáčky, asi dalších 5 minut.
f) Přeneste krevety a goji na talíř, zázvor vyhoďte a podávejte horké.

72. Smažené krevety na šanghajský způsob

SLOŽENÍ:

- 1 libra středně velkých krevet (U31–40), oloupaná a zbavená žilek, ocasy ponechány
- 2 lžíce rostlinného oleje
- Kóšer sůl
- 2 lžičky rýžového vína Shaoxing
- 2 jarní cibulky, jemně nakrájené

INSTRUKCE:

a) Pomocí ostrých kuchyňských nůžek nebo odřezávacího nože rozřízněte krevety podélně na polovinu, přičemž ocasní část zůstane nedotčená. Vzhledem k tomu, že krevety jsou restované, nakrájení tímto způsobem poskytne větší plochu a vytvoří jedinečný tvar a texturu!

b) Osušte krevety papírovými utěrkami a udržujte v suchu. Čím jsou krevety sušší, tím je pokrm chutnější. Krevety můžete před vařením uchovávat v chladu srolované v papírové utěrce až 2 hodiny.

c) Zahřejte wok na středně vysokou teplotu, dokud kapka vody nezasyčí a při kontaktu se neodpaří. Nalijte olej a krouživým pohybem potřete základnu woku. Dochuťte olejem přidáním malé špetky soli a jemně promíchejte.

d) Přidejte krevety najednou do horkého woku. Rychle házejte a otočte 2 až 3 minuty, dokud krevety nezačnou růžovět. Dochuťte další špetkou soli a přidejte rýžové víno. Víno nechte vyvařit, zatímco pokračujte ve smažení, asi další 2 minuty. Krevety by se měly oddělit a stočit, stále přichycené u ocasu.

e) Přendejte na servírovací talíř a ozdobte jarní cibulkou. Podávejte horké.

73.Ořechové krevety

SLOŽENÍ:

- Nepřilnavý rostlinný olej ve spreji
- 1 librové krevety jumbo (U21–25), loupané
- 25 až 30 půlek vlašských ořechů
- 3 šálky rostlinného oleje na smažení
- 2 lžíce cukru
- 2 lžíce vody
- ¼ šálku majonézy
- 3 lžíce slazeného kondenzovaného mléka
- ¼ lžičky rýžového octa
- Kóšer sůl
- ⅓ šálku kukuřičného škrobu

INSTRUKCE:

a) Plech vyložte pečicím papírem a lehce postříkejte sprejem na vaření. Dát stranou.

b) Motýli krevety tak, že je držíte na prkénku zakřivenou stranou dolů. Začněte od oblasti hlavy a zasuňte špičku odřezávacího nože do tří čtvrtin cesty do krevet. Udělejte řez podél středu hřbetu krevety k ocasu. Neřežte celou cestu skrz krevety a neřežte do oblasti ocasu. Otevřete krevety jako knihu a rozložte je naplocho. Otřete žílu (trávicí trakt krevety), pokud je viditelná, a opláchněte krevety pod studenou vodou, poté osušte papírovou utěrkou. Dát stranou.

c) Ve woku zahřejte olej na středně vysokou teplotu na 375 °F, nebo dokud nebude bublat a syčet kolem konce dřevěné lžíce. Smažte vlašské ořechy dozlatova 3 až 4 minuty a pomocí wok skimmeru je přeneste na talíř vyložený papírovou utěrkou. Odstavte a vypněte teplo.

d) V malém hrnci smíchejte cukr a vodu a za občasného míchání přiveďte k varu na středně vysoké teplotě, dokud se cukr nerozpustí. Snižte teplotu na střední a vařte, aby se sirup zredukoval, po dobu 5 minut, nebo dokud nebude sirup hustý a lesklý. Přidejte vlašské ořechy a promíchejte, aby se úplně obalily sirupem. Ořechy přendejte na připravený plech a nechte vychladnout. Cukr by měl kolem ořechů ztuhnout a vytvořit kandovanou skořápku.

e) V malé misce smíchejte majonézu, kondenzované mléko, rýžový ocet a špetku soli. Dát stranou.

f) Přiveďte olej wok zpět na 375 °F na středně vysokou teplotu. Zatímco se olej zahřívá, krevety lehce dochutíme špetkou soli. V míse promíchejte krevety s kukuřičným škrobem, dokud nebudou dobře potažené. V malých dávkách setřeste přebytečný kukuřičný škrob z krevet a smažte je na oleji a rychle je v oleji pohybujte, aby se neslepily. Smažte krevety po dobu 2 až 3 minut do zlatohnědé.

g) Přendejte do čisté mixovací nádoby a pokapejte omáčkou. Jemně přehněte, dokud nebudou krevety rovnoměrně potažené. Krevety naaranžujte na talíř a ozdobte kandovanými vlašskými ořechy. Podávejte horké.

74. Sametové hřebenatky

SLOŽENÍ:
- 1 velký bílek
- 2 lžíce kukuřičného škrobu
- 2 lžíce rýžového vína Shaoxing, rozdělené
- 1 lžička košer soli, rozdělená
- 1 libra čerstvých mořských mušlí, opláchněte, odstraňte svalovinu a osušte
- 3 lžíce rostlinného oleje, rozdělené
- 1 lžíce světlé sójové omáčky
- ¼ šálku čerstvě vymačkané pomerančové šťávy
- Nastrouhaná kůra z 1 pomeranče
- Vločky červené papriky (volitelné)
- 2 jarní cibulky, pouze zelená část, nakrájené na tenké plátky, na ozdobu

INSTRUKCE:

a) Ve velké míse smíchejte vaječný bílek, kukuřičný škrob, 1 lžíci rýžového vína a ½ lžičky soli a míchejte malou metličkou, dokud se kukuřičný škrob úplně nerozpustí a již nebude hrudkovitý. Vhoďte mušle a dejte na 30 minut do lednice.

b) Vyjměte mušle z lednice. Přiveďte k varu středně velký hrnec s vodou. Přidejte 1 polévkovou lžíci rostlinného oleje a přiveďte k varu. Přidejte mušle do vroucí vody a vařte 15 až 20 sekund za stálého míchání, dokud se mušle nezkalí (mušle nebudou úplně propečené). Pomocí wok skimmeru přeneste mušle na plech vyložený papírovou utěrkou a osušte papírovými utěrkami.

c) Ve skleněné odměrce smíchejte zbývající 1 polévkovou lžíci rýžového vína, světlou sóju, pomerančový džus, pomerančovou kůru a špetku vloček červené papriky (pokud používáte) a dejte stranou.

d) Zahřejte wok na středně vysokou teplotu, dokud kapka vody nezasyčí a při kontaktu se neodpaří. Nalijte zbývající 2 lžíce oleje a krouživými pohyby potřete základnu woku. Dochuťte olej přidáním zbývající ½ lžičky soli.

e) Do woku přidejte mušle Velveted a zamíchejte omáčkou. Za stálého míchání smažte mušle, dokud nejsou uvařené, asi 1 minutu. Přendejte do servírovací misky a ozdobte jarní cibulkou.

75. Mořské plody a zelenina restujte s nudlemi

SLOŽENÍ:

- 1 šálek rostlinného oleje, rozdělený
- 3 oloupané plátky čerstvého zázvoru
- Kóšer sůl
- 1 červená paprika, nakrájená na 1-palcové kousky
- 1 malá bílá cibule, nakrájená na tenké, dlouhé svislé proužky
- 1 velká hrst sněhového hrášku, zbavené provázků
- 2 velké stroužky česneku, jemně nasekané
- ½ libry krevety nebo ryby, nakrájené na 1-palcové kousky
- 1 lžíce omáčky z černých fazolí
- ½ libry sušených rýžových nudlí vermicelli nebo nudlí s fazolovými nitěmi

INSTRUKCE:
a) Zahřejte wok na středně vysokou teplotu, dokud kapka vody nezasyčí a při kontaktu se neodpaří. Nalijte 2 lžíce oleje a krouživým pohybem potřete základnu woku. Dochuťte olej přidáním plátků zázvoru a špetkou soli. Zázvor nechte asi 30 sekund prosychat v oleji a jemně promíchejte.
b) Přidejte papriku a cibuli a rychle je opékejte tak, že je házíte a obracíte ve woku pomocí wok stěrky.
c) Lehce dochutíme solí a dále restujeme 4 až 6 minut, dokud nebude cibule měkká a průsvitná. Přidejte sněhový hrášek a česnek, míchejte a obracejte, dokud česnek nezavoní, asi ještě minutu. Zeleninu přendejte na talíř.
d) Zahřejte další 1 lžíci oleje a přidejte krevety nebo rybu. Jemně promícháme a lehce dochutíme špetkou soli. Za stálého míchání opékejte 3 až 4 minuty, nebo dokud krevety nezrůžoví nebo se ryba nezačne loupat. Zeleninu vraťte a vše ještě 1 minutu míchejte. Vyhoďte zázvor a přeneste krevety na talíř. Stan s fólií pro udržení tepla.
e) Wok vytřete a vraťte na středně vysokou teplotu. Nalijte zbývající olej (asi ¾ šálku) a zahřejte na 375 °F, nebo dokud nebude bublat a syčet kolem konce dřevěné lžíce. Jakmile má olej teplotu, přidejte sušené nudle. Okamžitě se začnou nafukovat a kynout z oleje. Pomocí kleští otočte oblak nudlí, pokud potřebujete smažit vršek, a opatrně vyjměte z oleje a přeneste na talíř vyložený papírovou utěrkou, aby se nechal okapat a vychladnout.
f) Jemně nalámejte nudle na menší kousky a rozsypte na restovanou zeleninu a krevety. Ihned podávejte.

76. Celá dušená ryba se zázvorem a jarní cibulkou

SLOŽENÍ:
PRO RYBY
- 1 celá bílá ryba, asi 2 libry, hlava na hlavě a očištěná
- ½ šálku košer soli na čištění
- 3 jarní cibulky, nakrájené na 3-palcové kousky
- 4 oloupané plátky čerstvého zázvoru, každý o velikosti asi čtvrtiny
- 2 lžíce rýžového vína Shaoxing

NA OMÁČKU
- 2 lžíce světlé sójové omáčky
- 1 lžíce sezamového oleje
- 2 lžičky cukru

NA HROZÍCÍ ZÁZVOROVÝ OLEJ
- 3 lžíce rostlinného oleje
- 2 lžíce oloupaného čerstvého zázvoru jemně nakrájeného na tenké proužky
- 2 jarní cibulky, nakrájené na tenké plátky
- Červená cibule, nakrájená na tenké plátky (volitelně)
- Koriandr (volitelné)

INSTRUKCE:
a) Rybu potřete zevnitř i zvenku košer solí. Rybu opláchněte a osušte papírovou utěrkou.
b) Na talíři, který je dostatečně velký, aby se vešel do bambusového napařovacího košíku, udělejte lůžko z každé poloviny jarní cibulky a zázvoru. Položte rybu navrch a do ní vložte zbývající jarní cibulku a zázvor. Rybu zalijeme rýžovým vínem.
c) Opláchněte bambusový napařovací koš a jeho víko pod studenou vodou a vložte je do woku. Nalijte asi 2 palce studené vody nebo dokud nepřesáhne spodní okraj napařovače asi o ¼ až ½ palce, ale ne tak vysoko, aby se voda dotýkala dna koše. Přiveďte vodu k varu.
d) Talíř vložte do parního koše a přikryjte. Rybu vařte v páře na středním plameni po dobu 15 minut (přidejte 2 minuty na každou půl kila navíc). Před vyjmutím z woku propíchněte rybu vidličkou u hlavy. Pokud se maso odloupne, je hotovo. Pokud se dužina stále lepí, vařte v páře ještě 2 minuty.
e) Zatímco se ryba vaří v páře, na malé pánvi zahřejte světlou sóju, sezamový olej a cukr na mírném ohni a dejte stranou.
f) Jakmile je ryba uvařená, přendejte ji na čistý talíř. Z napařovací desky vylijte varnou tekutinu a aromatické látky. Nalijte teplou směs sójové omáčky na ryby. Stan s fólií, aby byl teplý, zatímco budete připravovat olej.

77.Smažená ryba se zázvorem a Bok Choy

SLOŽENÍ:

- 1 velký bílek
- 1 lžíce rýžového vína Shaoxing
- 2 lžičky kukuřičného škrobu
- 1 lžička sezamového oleje
- ½ lžičky světlé sójové omáčky
- 1-libra vykostěné rybí filé, nakrájené na 2-palcové kousky
- 4 lžíce rostlinného oleje, rozdělené
- Kóšer sůl
- 4 oloupané plátky čerstvého zázvoru, velké asi jako čtvrtina
- 3 hlavy baby bok choy, nakrájené na kousky velikosti sousta
- 1 stroužek česneku, nasekaný

INSTRUKCE:

a) Ve střední misce smíchejte bílek, rýžové víno, kukuřičný škrob, sezamový olej a světlou sóju. Přidejte rybu do marinády a promíchejte, aby se obalila. Marinujte 10 minut.

b) Zahřejte wok na středně vysokou teplotu, dokud kapka vody nezasyčí a při kontaktu se neodpaří. Nalijte 2 lžíce rostlinného oleje a krouživým pohybem potřete základnu woku. Dochuťte olejem přidáním malé špetky soli a jemně promíchejte.

c) Děrovanou lžící vyjměte rybu z marinády a opékejte ve woku z každé strany asi 2 minuty, dokud z obou stran lehce nezhnědne. Rybu přendejte na talíř a dejte stranou.

d) Přidejte zbývající 2 lžíce rostlinného oleje do woku. Přidejte další špetku soli a zázvor a dochuťte olejem, jemně protřepávejte po dobu 30 sekund. Přidejte bok choy a česnek a za stálého míchání opékejte 3 až 4 minuty, dokud bok choy nezměkne.

e) Vraťte rybu do woku a jemně promíchejte s bok choy, dokud se nespojí. Lehce dochutíme další špetkou soli. Přendejte na talíř, zázvor vyhoďte a ihned podávejte.

78. Mušle v omáčce z černých fazolí

SLOŽENÍ:
- 3 lžíce rostlinného oleje
- 2 oloupané plátky čerstvého zázvoru, každý o velikosti asi čtvrtiny
- Kóšer sůl
- 2 jarní cibulky, nakrájené na 2 palce dlouhé kousky
- 4 velké stroužky česneku, nakrájené na tenké plátky
- 2 libry živých PEI mušlí, vydrhnutých a zbavených vousů
- 2 lžíce rýžového vína Shaoxing
- 2 lžíce omáčky z černých fazolí nebo omáčky z černých fazolí
- 2 lžičky sezamového oleje
- ½ svazku čerstvého koriandru, nahrubo nasekaného

INSTRUKCE:
a) Zahřejte wok na středně vysokou teplotu, dokud kapka vody nezasyčí a při kontaktu se neodpaří. Nalijte rostlinný olej a krouživým pohybem potřete základnu woku. Dochuťte olej přidáním plátků zázvoru a špetkou soli. Zázvor nechte asi 30 sekund prosychat v oleji a jemně promíchejte.

b) Vhoďte jarní cibulku a česnek a za stálého míchání opékejte 10 sekund, nebo dokud cibulka nezvadne.

c) Přidejte slávky a promíchejte, aby se pokryly olejem. Po stranách woku nalijte rýžové víno a krátce promíchejte. Zakryjte a vařte v páře 6 až 8 minut, dokud se mušle neotevřou.

d) Odkryjte a přidejte omáčku z černých fazolí, promíchejte, aby se mušle obalily. Přikryjeme a necháme v páře další 2 minuty. Odkryjte a proberte, odstraňte všechny mušle, které se neotevřely.

e) Mušle pokapeme sezamovým olejem. Krátce promíchejte, dokud sezamový olej nerozvoní. Zázvor vyhoďte, mušle přesuňte na talíř a ozdobte koriandrem.

79.Kokosový kari krab

SLOŽENÍ:

- 2 lžíce rostlinného oleje
- 2 oloupané plátky čerstvého zázvoru, velké asi jako čtvrtina
- Kóšer sůl
- 1 šalotka, nakrájená na tenké plátky
- 1 lžíce kari
- 1 (13,5 unce) plechovka kokosového mléka
- ¼ lžičky cukru
- 1 lžíce rýžového vína Shaoxing
- 1 libra konzervovaného krabího masa, scezená a sebraná, aby se odstranily kousky skořápky
- Čerstvě mletý černý pepř
- ¼ šálku nakrájeného čerstvého koriandru nebo plocholisté petrželky na ozdobu
- Vařená rýže, k podávání

INSTRUKCE:

a) Zahřejte wok na středně vysokou teplotu, dokud kapka vody nezasyčí a při kontaktu se neodpaří. Nalijte olej a krouživým pohybem potřete základnu woku. Dochuťte olej přidáním plátků zázvoru a špetkou soli. Zázvor nechte asi 30 sekund prosychat v oleji a jemně promíchejte.

b) Přidejte šalotku a za stálého míchání opékejte asi 10 sekund. Přidejte kari a dalších 10 sekund míchejte, dokud nebude voňavý.

c) Vmíchejte kokosové mléko, cukr a rýžové víno, přikryjte wok a vařte 5 minut.

d) Vmíchejte kraba, přikryjte pokličkou a vařte, dokud se nezahřeje, asi 5 minut. Odstraňte víko, dochuťte solí a pepřem a zázvor vyhoďte. Nalijte přes vršek misky rýže a ozdobte nasekaným koriandrem.

80. Smažená chobotnice z černého pepře

SLOŽENÍ:

- 3 šálky rostlinného oleje
- Trubky a chapadla olihně o hmotnosti 1 libry, vyčištěné a nařezané na ⅓palcové kroužky
- ½ šálku rýžové mouky
- Kóšer sůl
- ¼ lžičky čerstvě mletého černého pepře
- ¾ šálku perlivé vody, udržované jako ledové
- 2 lžíce nahrubo nasekaného čerstvého koriandru

INSTRUKCE:

a) Nalijte olej do woku; olej by měl být asi 1 až 1½ palce hluboký. Přiveďte olej na 375 ° F na středně vysokou teplotu. Olej má správnou teplotu, když olej bublá a syčí kolem konce vařečky, když je ponořená. Osušte chobotnici dosucha papírovými utěrkami.

b) Mezitím si v mělké misce smícháme rýžovou mouku se špetkou soli a pepřem. Všlehejte jen tolik perlivé vody, aby vzniklo řídké těsto. Složte chobotnici a pracujte v dávkách, zvedněte chobotnici z těsta pomocí wok skimmeru nebo děrované lžíce, setřeste ze sebe přebytek. Opatrně ponořte do horkého oleje.

c) Chobotnici vařte asi 3 minuty, dokud nebude zlatohnědá a křupavá. Pomocí wok skimmeru vyjměte kalamáry z oleje a přendejte na plech vyložený papírovou utěrkou a lehce dochuťte solí. Opakujte se zbývající chobotnicí.

d) Chobotnici přendejte na talíř a ozdobte koriandrem. Podávejte horké.

81.Smažené ústřice s konfetami s chilli a česnekem

SLOŽENÍ:
- 1 (16-uncová) nádoba na malé vyloupané ústřice
- ½ šálku rýžové mouky
- ½ šálku víceúčelové mouky, rozdělené
- ½ lžičky prášku do pečiva
- Kóšer sůl
- Mletý bílý pepř
- ¼ lžičky cibulového prášku
- ¾ šálku perlivé vody, chlazené
- 1 lžička sezamového oleje
- 3 šálky rostlinného oleje
- 3 velké stroužky česneku, nakrájené na tenké plátky
- 1 malá červená chilli papričky, nakrájená na jemné kostičky
- 1 malá zelená chilli papričky, nakrájená nadrobno
- 1 jarní cibulka, nakrájená na tenké plátky

INSTRUKCE:
a) V míse smíchejte rýžovou mouku, ¼ šálku univerzální mouky, prášek do pečiva, špetku soli a bílého pepře a cibulový prášek. Přidejte perlivou vodu a sezamový olej, promíchejte do hladka a odstavte.

b) Ve woku zahřejte rostlinný olej na středně vysokou teplotu na 375 °F, nebo dokud nebude bublat a syčet kolem konce dřevěné lžíce.

c) Osušte ústřice papírovou utěrkou a vydlabejte ve zbývající ¼ šálku univerzální mouky. Ústřice jednu po druhé namáčejte v těstíčku z rýžové mouky a opatrně ponořte do rozpáleného oleje.

d) Smažte ústřice po dobu 3 až 4 minut, nebo do zlatohnědé. Přendejte na drátěnou chladicí mřížku umístěnou na pečícím plechu, aby odkapal. Lehce posypte solí.

e) Vraťte teplotu oleje na 375 °F a krátce smažte česnek a chilli, dokud nebudou křupavé, ale stále jasně barevné, asi 45 sekund. Pomocí drátěného skimmeru vyjměte z oleje a položte na talíř vyložený papírovou utěrkou.

f) Uspořádejte ústřice na talíř a posypte česnekem a chilli. Ozdobte nakrájenou cibulkou a ihned podávejte.

82.Vzduchová fritéza Kokosové krevety

SLOŽENÍ:
- 1/2 šálku univerzální mouky
- 1 1/2 lžičky mletého černého pepře
- 2 velká vejce
- 2/3 šálku neslazeného strouhaného kokosu
- 1/3 šálku panko strouhanky
- 12 uncí nevařených středních krevet,
- 1 porce spreje na vaření
- 1/2 lžičky košer soli, rozdělené
- 1/4 šálku medu
- 1/4 šálku limetkové šťávy
- 1 Serrano chile, nakrájené na tenké plátky
- 2 lžičky nasekaného čerstvého koriandru

INSTRUKCE:
a) V další mělké misce lehce rozklepněte vejce. Ve třetí mělké misce smíchejte kokos a panko.
b) Držte každou krevetu za ocas, vydlabejte ve směsi mouky a odstraňte přebytek. Poté pomoučené krevety ponořte do vejce a přebytečné zbytky nechte okapat.
c) Nakonec vydlabejte kokosovou směs a přitlačte, aby přilnula. Položeno na talíř. Krevety dobře potřete sprejem na vaření.
d) Mezitím v míse normální velikosti na dip prošlehejte med, limetkovou šťávu a chilli Serrano. Smažené krevety posypte koriandrem a podávejte s dipem.

83.Fritéza s citronem a pepřem krevety

SLOŽENÍ:

- 1 lžíce olivového oleje
- 1 citron, šťáva
- 1 lžička citronového pepře
- 1/4 lžičky papriky
- 1/4 lžičky česnekového prášku
- 12 uncí nevařených středních krevet,
- 1 citron, nakrájený na plátky

INSTRUKCE:

a) Předehřejte vzduchovou fritézu na 400 stupňů F (200 stupňů C).
b) V misce smíchejte kokosový olej, citronovou šťávu, citronový pepř, papriku a česnekový prášek. Přidejte krevety a míchejte, dokud nejsou pokryty.
c) Vložte krevety do fritézy a vařte do růžova a zpevnění, 6 až 8 minut. Podávejte s plátky citronu.

84.Krevety zabalené ve slanině

SLOŽENÍ:
- 1 litr rostlinného oleje na smažení
- 32 každý oloupaný a zbavený
- 1 plechovka nakládaných papriček jalapeño
- 16 plátků slaniny, rozpůlených
- 32 každé párátka

INSTRUKCE:
a) Zahřejte olej ve fritéze nebo velké pánvi na 350 stupňů F (175 stupňů C)
b) Nakrájejte krevety podél kmene, téměř k vedení. Naplňte každou krevetu kouskem jalapeña a pak obalte polovinou plátku slaniny. Zajistěte párátkem. Opakujte se všemi ostatními ingrediencemi.
c) Krevety vařte po dávkách na rozpáleném oleji, než bude slanina křupavá a dozlatova, 2–3 minuty. Před podáváním nechte okapat na talíři vyloženém papírovou utěrkou.

85. Úžasné krabí mušle

SLOŽENÍ:
- 36 kusů (prázdných) skořápek na těstoviny jumbo
- 2 balení sýra neufchatel
- 1 libra imitace krabího masa
- 6 uncí vařených drobných krevet
- 1 cibule, nasekaná
- 2 stonky celeru, nakrájené
- 1/3 šálku majonézy
- 2 lžíce bílého cukru
- 1 1/2 lžičky soli
- 1/2 lžičky mletého černého pepře
- 1 lžička citronové šťávy

INSTRUKCE:
a) Přiveďte k varu velký hrnec osolené vody a přidejte skořápky těstovin; vaříme do al dente. Dobře sceďte.
b) Ve velké míse smíchejte smetanový sýr, kraba, krevety, cibuli, celer, majonézu, cukr, sůl, pepř a citronovou šťávu; dobře promíchejte.
c) Směs smetanového sýra naplňte do skořápek jumbo těstovin. Před podáváním vychlaďte alespoň 2 hodiny.

86. Houby plněné krevetami

SLOŽENÍ:

- 20 velkých bílých hub, změkčených
- 1 (4 unce) plechovka malých krevet, opláchněte d
- 1/2 šálku smetanového sýra s příchutí pažitky a cibule
- 1/2 lžičky worcesterské omáčky
- 1 špetka česnekového prášku nebo podle chuti
- 1 čárka pálivá omáčka ve stylu Louisiany
- 3/4 šálku strouhaného sýra Romano

INSTRUKCE:

a) Zapékací misku 9 x 13 palců lehce vymažte tukem.
b) Zatímco se žampiony chladí, smíchejte v misce krevety, smetanový sýr, worcestrovou omáčku, česnekový prášek a horkou omáčku a promíchejte, aby se dobře promíchaly.
c) Do kloboučku každé houby dejte asi 2 lžičky směsi krevet a vložte nádivkou nahoru do připraveného pekáčku.
d) Na každou houbu nasypte sýr Romano.
e) Předehřejte troubu na 400 stupňů F (200 stupňů C). Mísu odkryjeme a houby pečeme v předehřáté troubě asi 15 minut .

87.Američan Ceviche

SLOŽENÍ:
- 1 balení vařených středních krevet
- 2 balení imitace krabího masa
- 5 rajčat, nakrájených na kostičky
- 3 střední (prázdná) avokáda
- 1 anglická okurka
- 1 červená cibule, nakrájená na kostičky
- 1 svazek koriandru, nasekaný
- 4 limetky, odšťavněné
- 2 střední papričky jalapeňo,
- 2 stroužky česneku, prolisované
- 1 láhev koktejlu z rajčat a škeble
- 1 špetka soli a mletého černého pepře

INSTRUKCE:
a) Smíchejte krevety, imitaci kraba, rajčata, avokádo, okurku, červenou cibuli, koriandr, limetkovou šťávu, papričky jalapeňo a česnek v nádobě s víkem; zalijte salát koktejlem z rajčat a škeble a promíchejte. Dochutíme solí a černým pepřem.
b) Nechte salát marinovat přes noc v lednici; před podáváním znovu promíchejte.

88. Vepřové a krevetové knedlíky

SLOŽENÍ:

- 1/4 libry mletého vepřového masa
- 1 šálek nasekané řeřichy
- 1/2 (8 uncí) plechovky vodních kaštanů
- 1/4 šálku nakrájené zelené cibule
- 1 lžíce ústřicové omáčky
- 1 1/2 lžíce sezamového oleje
- 1 lžička mletého česneku
- 1 lžička sójové omáčky
- 1 (16 uncový) balíček slupek knedlíků
- 1 libra oloupaných a zbavených krevet

INSTRUKCE:

a) Ve velké míse smíchejte vepřové maso, řeřichu, vodní kaštany, zelenou cibulku, ústřicovou omáčku, sezamový olej, česnek, sójovou omáčku, mletý bílý pepř a sůl a dobře promíchejte.

b) Na každou slupku knedlíku dejte 1/2 lžičky náplně. Na náplň položte 1 krevetu.

c) Vaření: Knedlíky opékejte na velké pánvi na středním ohni s olejem 15 minut , v polovině otočte NEBO je vložte na 10 minut do hrnce s vroucí vodou; scedíme a podáváme v horkém kuřecím vývaru.

89.Předkrm Krevety Kabobs

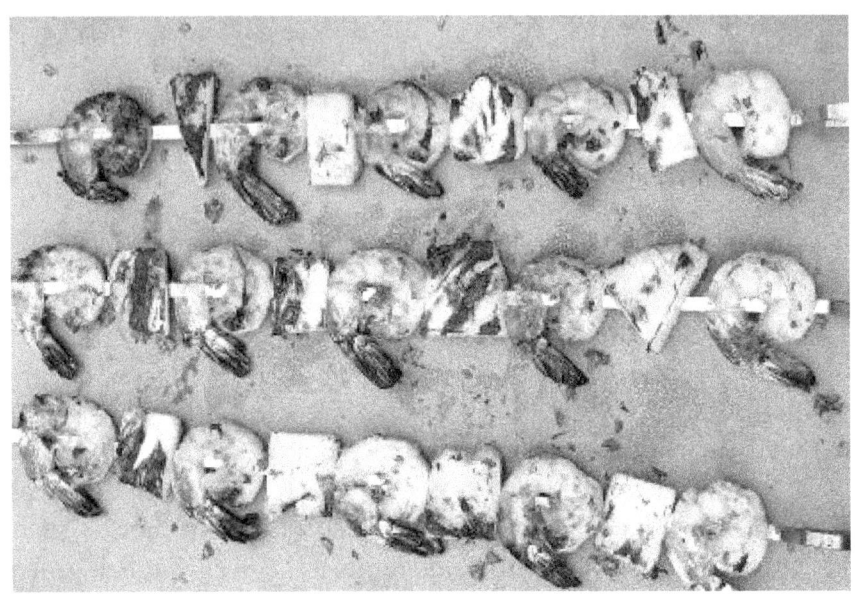

SLOŽENÍ:
- 3 lžíce olivového oleje
- 3 stroužky česneku, rozdrcené
- 1/2 šálku suché strouhanky
- 1/2 lžičky koření na mořské plody
- 32 nevařených středních krevet
- koktejlová omáčka z mořských plodů

INSTRUKCE:

a) V mělké misce smíchejte olej a česnek; nechť jsou jistě symbolem 30 minut ute s. V jiné misce smíchejte strouhanku a koření na mořské plody. Namočte krevety do směsi oleje a poté obalte směsí drobenky.

b) Navlékněte na kovové nebo namočené dřevěné špejle. Kabobs grilujte zakryté na středním plameni 2–3 minuty, nebo dokud krevety nezrůžoví. Podávejte s omáčkou z mořských plodů.

90.Mexický krevetový koktejl

SLOŽENÍ:
- 1/3 šálku cibule španělské cibule nakrájené
- 1/4 šálku limetkové šťávy
- 1-libra krevety chlazené vařené střední krevety
- 2 rajčata střední
- 1 okurka nakrájená nadrobno
- 1 řapíkatý celer nakrájený nadrobno
- 1 paprika jalapeño se semínky
- 2 lžičky soli
- 2 lžičky černého pepře
- 1 šálek šťáva ze škeblí
- 1 hrnek kečupu
- 1 svazek koriandru
- 2 lžíce feferonkové omáčky
- 2 avokáda

INSTRUKCE:
a) Smíchejte cibuli s limetkovou šťávou jen v malé misce a nechte 10 minut být symbolem. Mezitím si v misce promíchejte krevety, rajčata roma, okurku, celer, jalapeño, sůl a černý pepř, dokud se důkladně nespojí.

b) V jiné misce rozšlehejte koktejl z rajčat a škeblí, kečup, koriandr a feferonkovou omáčku; dresink vmícháme do směsi krevet. Jemně vmícháme avokádo. Zakryjte a důkladně vychlaďte, alespoň 1 hodinu.

ORGANOVÉ MASO

91.Pečený hovězí jazyk

SLOŽENÍ:
- 2 celé hovězí jazyky, opláchnuté
- 2 lžíce sádla nebo másla
- 6 šálků vody
- Koření dle vlastního výběru

INSTRUKCE:
a) Nejlepší je uvařit ji v instantním hrnci nebo tlakovém hrnci.
b) Přidejte vodu a jazyky do instantního hrnce a vařte v režimu „Manual" po dobu 35 minut. Nechte tlak přirozeně uvolnit.
c) Pokud nemáte instantní hrnec, nalijte vodu do hrnce. Přidejte jazyky a umístěte kastrol na střední teplotu.
d) Když se začne vařit, snižte teplotu na nízkou teplotu. Vařte přikryté do měkka.
e) Odstraňte jazyky a položte je na prkénko. Až vychladne, nakrájíme na plátky. Posypte ji kořením dle vlastního výběru.
f) Umístěte pánev na střední plamen. Přidejte máslo. Jakmile se máslo rozpustí, vložte plátky jazyka do pánve a opékejte 2-3 minuty. Po dokončení na jednom konci opékejte druhou stranu, dokud nezískáte dobrou zlatohnědou barvu. Podávejte horké.

92.Marocký jaterní kebab

SLOŽENÍ:
- 8 uncí ledvinového tuku, volitelné, ale vhodné, nakrájené na kostky
- 2,2 libry čerstvých telecích nebo jehněčích jater (nejlépe telecích jater), odstraňte průhlednou membránu a nakrájejte na ¾ palcové kostky

MARINÁDA
- 2 lžíce mleté sladké papriky
- 2 lžičky soli
- 1 lžička mletého kmínu

SLOUŽIT
- 2 lžičky mletého kmínu
- 2 lžičky kajenského pepře (volitelně)
- 2 lžičky soli

INSTRUKCE:
a) Vložte játra a tuk do mísy a dobře promíchejte.
b) Posypte paprikou, solí a kmínem a znovu promíchejte, dokud nebude dobře obalený.
c) Mísu zakryjte a dejte na 1-8 hodin do chladničky.
d) 30 minut před grilováním vyjměte misku z chladničky.
e) Nastavte gril a předehřejte jej na středně vysokou teplotu.
f) Kostky jater napichujte střídavě s kostkami ledvinového tuku na špejle, aniž by mezi nimi zůstala mezera. Na každou špejli položte asi 6 - 8 kostek jater.
g) Připravené špízy vložíme na gril a za častého otáčení grilujeme asi 8 - 10 minut. Játra by měla být uvnitř dobře propečená a při stlačení by měla být houbovitá.
h) Podávejte horké.

93. Quiche jedlíka masa

SLOŽENÍ:
- 1 libra mletého hovězího masa
- 1 libra mletých hovězích jater
- 1 libra mletého hovězího srdce
- Máslo nebo ghí nebo hovězí lůj nebo jakýkoli jiný živočišný tuk podle vašeho výběru k vaření podle potřeby
- Sůl podle chuti
- 6 vajec

INSTRUKCE:
a) Vezměte 2 koláčové talíře (9 palců) a namažte je lehce máslem nebo ghí.
b) Ujistěte se, že je vaše trouba předehřátá na 360 ° F.
c) Přidejte hovězí maso, hovězí játra, hovězí srdce, sůl a vejce do mísy a dobře promíchejte.
d) Směs rozdělte na 2 pláty.
e) Pečte masové koláče do ztuhnutí, asi 15 až 20 minut.
f) Po dokončení nakrájejte každý na 4 stejné klínky a podávejte.

94. Snadné hovězí srdce

SLOŽENÍ:
- 4 unce mletého hovězího srdce
- 4 unce mletého hovězího masa
- ½ lžičky soli

INSTRUKCE:
a) Do mísy přidejte mleté hovězí srdce, mleté hovězí maso a sůl a dobře promíchejte.
b) Směs rozdělte na 2 části a vytvořte kuličky.
c) Uchovávejte je v zapékací misce ze skla.
d) Ujistěte se, že je vaše trouba předehřátá na 360 ° F.
e) Zapékací mísu vložte do trouby a pečte, dokud není maso dobře propečené asi 20 minut.

95.Dort pro masožrouty

SLOŽENÍ:
BRAUNSCHWEIGER
- ¼ libry vepřové plec nebo hovězího jazyka, nakrájené na kostky
- 10 uncí vepřových nebo hovězích jater, nakrájených na kostky
- 2 vejce natvrdo, oloupaná
- 6 uncí vepřového hřbetního tuku, nakrájeného na kostky
- 1 ½ lžičky růžové mořské soli

PRO DOPLŇOVÁNÍ
- 6 plátků prosciutto nebo Carpaccio
- 6 plátků slaniny

INSTRUKCE:
a) Toto jídlo připravte 1 až 2 dny před jídlem.
b) V kuchyňském robotu přidejte vepřová játra, plec a kostky tuku a dobře zpracujte.
c) Nalijte do jarní formy. Pánev zakryjte fólií, aby se do ní nedostala voda. Ujistěte se, že je pevně zabalen.
d) Vezměte pekáč, větší než jarní forma, a na dno pánve nalijte centimetr vařící vody.
e) Do pekáče vložte jarní formu.
f) Vložte pekáč spolu s pekáčem do trouby asi na 2 hodiny. Před vložením pekáče do trouby se ujistěte, že je vaše trouba předehřátá na 300 ° F.
g) Jarní formu vyjměte z trouby. V pánvi udělejte 2 jamky, dostatečně velké, aby se do nich vešlo vejce. Do každé jamky vložte vařené vejce. Vejce zakryjeme lžící masa.
h) Vychladíme a dáme na 1-2 dny do lednice.
i) Navrch položte prosciutto a plátky slaniny. Sloužit.

96. Snadné kousnutí do ledvin z hovězího masa

SLOŽENÍ:
- 2 hovězí ledviny
- Studené máslo k podávání (volitelné)
- Sůl podle chuti (volitelné)

INSTRUKCE:
a) Ledviny dejte do hrnce a zalijte vodou.
b) Umístěte hrnec na středně vysoký plamen.
c) Jakmile se začne vařit, dusíme na středně mírném ohni, částečně zakryté.
d) Po 8 minutách vodu slijte.
e) Pokud chcete, můžete ledvinu opláchnout ve vodě.
f) Nakrájejte na kousky velikosti sousta. Dochuťte solí a v případě použití podávejte s máslem.

97. Burgery z hovězího a kuřecího masa

SLOŽENÍ:
- 2 unce kuřecích jater
- 10 hovězího masa krmeného trávou
- ½ lžičky koření na drůbež
- ½ lžičky soli
- ¾ lžičky mletého koriandru
- ½ lžičky pepře

INSTRUKCE:
a) Přidejte kuřecí játra, hovězí maso, koření na drůbež, sůl, koriandr a pepř v kuchyňském robotu a dobře zpracujte.
b) Ze směsi vytvořte 2 placičky
c) Předehřejte gril na středně vysokou teplotu.
d) Grilujte burgery z obou stran podle vlastní chuti.
e) Podávejte horké.

98.Kuřecí srdce

SLOŽENÍ:
- 2 kila kuřecích srdíček, osušených papírovými utěrkami
- 2 lžičky kajenského pepře nebo podle chuti
- 2 lžičky pepře nebo podle chuti
- 2 lžičky soli nebo podle chuti
- 2 lžičky česnekového prášku
- 2 lžičky cibulového prášku nebo podle chuti

INSTRUKCE:
a) Připravíme si zapékací mísu tak, že ji vyložíme alobalem.
b) Kuřecí srdce vložte do pekáče. Posypeme kořením a dobře promícháme.
c) Ujistěte se, že je vaše trouba předehřátá na 350 ° F.
d) Kuřecí srdce pečte asi 30 minut.
e) Podávejte horké.

99. Pečená kostní dřeň

SLOŽENÍ:
- 8 polovin kostní dřeně
- 1 lžíce nasekané petrželky, na ozdobu
- Čerstvě mletý pepř podle chuti
- Vločky mořské soli

INSTRUKCE:
a) Půlky kostní dřeně položte kostní dření nahoru na zapékací misku s okrajem.
b) Ujistěte se, že je vaše trouba předehřátá na 350 ° F.
c) Pečte dýně asi 20 - 25 minut, dokud není dřeň křupavá a zlatavě hnědá.
d) Navrch posypte solí a petrželkou a podávejte.

100. Paštika z kuřecích jater

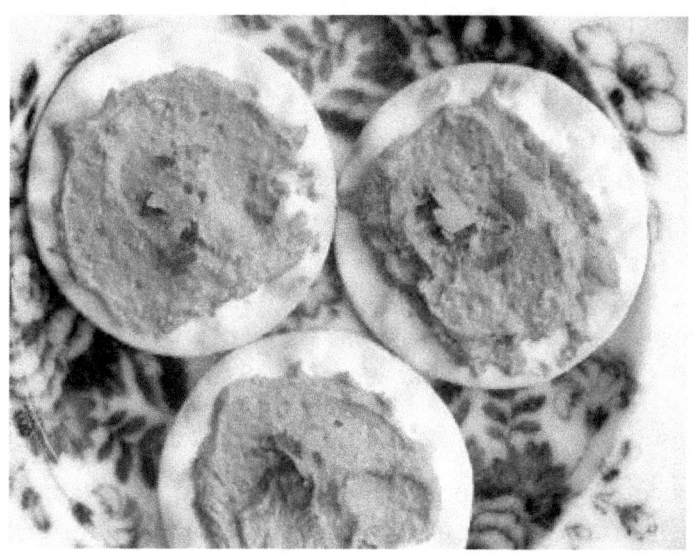

SLOŽENÍ:
- 4 unce kuřecích jater, ořezaných, vyhoďte šlachu
- ½ lžičky cibulového prášku
- ½ lžíce mleté petrželky
- Pepř podle chuti
- ¼ šálku másla nebo kachního tuku
- 1 stroužek česneku, oloupaný, nasekaný
- ¼ lžičky soli

INSTRUKCE:
a) Umístěte pánev s ½ lžíce másla na střední plamen. Když se máslo rozpustí, přidejte česnek a míchejte 30 - 45 sekund, dokud nebude aromatický.
b) Přidejte játra a vše vařte do zlatova.
c) Přidejte petržel a dobře promíchejte. Po minutě vypněte ohřev.
d) Chvíli ochlaďte a přendejte do misky kuchyňského robotu. Přidejte také zbytek másla a sůl a zpracujte, dokud nebude dobře kaše.
e) Lžící nakrájejte na 3 ramekiny. Zakryjte potravinářskou fólií a dejte na 4-8 hodin do chladničky. Podávejte vychlazené.

ZÁVĚR

Doufáme, že když zakončíme naši cestu " Venkovní Kuchařka Masožravec ", už jste přijali vzrušení z lovu a radost z vaření divoké zvěře ve volné přírodě. Každý recept na těchto stránkách je důkazem bohatosti a rozmanitosti chutí, které lze odemknout, když se štědrost přírody setká s dovednostmi venkovního kuchaře.

Ať už jste si libovali v kouřových tónech grilované zvěřiny, vychutnávali jste si vydatné teplo dušeného u tábráku nebo jste si pochutnali na nuancích uzené zvěřiny, věříme, že tyto recepty z divoké zvěře dodají vašemu venkovnímu kuchařskému repertoáru nový rozměr. Kéž se zážitek z vaření na otevřeném plameni, vůně dřevěného kouře a společné chvíle u tábráku stanou kromě receptů i nezapomenutelnými vzpomínkami na vaše venkovní dobrodružství.

Když budete pokračovat v prozkoumávání rozlehlé krajiny a divokých míst, může být „Venkovní Kuchařka Masožravec" vaším důvěryhodným společníkem, který vás inspiruje k experimentování s novými technikami, oslavuje vzrušení z lovu a raduje se z radosti z venkovního vaření. Tady je svoboda pod širým nebem, chutě divočiny a přetrvávající tradice venkovních hodů. Veselé vaření, outdoorový nadšenci!

www.ingramcontent.com/pod-product-compliance
Lightning Source LLC
LaVergne TN
LVHW021702060526
838200LV00050B/2468